숨겨진 0.1%, 공부의 신들의 천재공부법

: 머리말 :
조선시대 0.1% 공부의 신들은 과연 어떻게 공부했을까?

"조선 시대 진짜 0.1% 공부의 신들은 과연 어떻게, 무엇을, 왜 공부했을까?"
"숨겨진 0.1% 진짜 공부의 신들의 공부 비법은 과연 무엇이었을까?"
"무엇이 그들로 하여금 평생 공부에 매진하도록 하였을까?"

이 책은 이러한 질문에 대한 결과물이다. 하지만 가장 궁금했던 것은 정작 이것이 아니었다.

그것은 '무엇이 그들로 하여금 천재가 되게 해 주었고, 공부의 신의 반열에 오르게 해 주었을까' 였다. 그리고 운이 좋게도, 이 질문의 답을 찾을 수 있었다. 이 질문의 답은 이 책을 여러분들이 읽게 된다면 누구나 발견할 수 있을 것이다.

우리가 잘 몰랐던 숨겨진 우리들의 진짜 0.1% 공부의 신들의 천재공부법에 대해 이 책은 통합적으로 다양하게 알려 줄 것이다. 그런데 이 비법을 알기 전해 선행해야 하는 것이 있다.

바로 우리 선조들의 공부의 자세와 공부에 대한 남다른 높은 수준의 의식이다. 잘 몰랐던 우리 선조들의 높은 의식과 정신을 이 책을 통해 배우게 될 것이다.

'공부를 그저 출세의 수단으로만 여겨서는 공부도 잃고 나도 잃는다.'
'백 년도 못 되는 인생이 공부를 하지 않는다면 이 세상에 살다간 보람을 어디서 찾겠는가?'
'사람이 세상에 나서 책을 안 읽고(공부를 하지 않고) 무슨 일을 하겠는가?'

조선 최고의 공부의 신, 다산 정약용 선생의 이 말처럼 공부는 해도 되고, 안 해도 되는 것이 아니다. 어제 배운 지식이 오늘은 더 이상 쓸모없는 죽은 지식이 되어 버리는 변혁의 시대에는 더욱 더 공부의 필요성이 강조된다.

이러한 치열한 시대에도 불구하고 공부를 하지 않는 사람들은 과연 무슨 배짱으로 하루하루를 살아가고 있는 것일까?

조선 시대 숨겨진 우리가 몰랐던 진짜 0.1% 공부의 신들에게 공부는 무엇이었을까? 과연 공부를 어떤 마음 자세로 했던 것일까? 공부를 통해 이루고 배우고 익힌 것들은 과연 어떤 것들이었을까?

필자는 예전에 중국의 현인들의 공부법에 대한 책을 읽고서 큰 감명을 받고 또 감동을 받았다. 하지만 한 가지 불만이 생겼다.

'왜 한국의 선비들도 이들 못지않게 공부의 대가들이 있고, 공부에 모든 것을 걸고 공부를 통해 이룬 것이 적지 않았는데도 다른 나라의 현인들에 대한 공부법이란 책이 먼저 나온 것일까?'

이러한 불만을 품고, 반드시 우리 선조들의 공부법에 대한 책을 쓰겠다고 결심했다. 하지만 먹고 살기에 바빠서 시작하고 결단하지 못하다가 이제 겨우 시작하게 되었던 것이다. 이 책은 바로 그러한 동기에서 씨앗을 품었던 책이었음을 미리 밝혀 둔다.

이 책을 통해 얻을 수 있는 한 가지 유익함은 우리 선조들의 공부에 대한 치열한 자세와 공부에 대한 진짜 생각을 확실하게 알 수 있게 된 것이다. 더불어 진짜 공부의 신들의 진짜 천재공부법, 0.1% 공부법을 배울 수 있게 되었다. 우리가 숨겨진 우리 선조들의 0.1% 공부법을 이 책을 통해 배울 수 있게 된다면, 우리나라는 공부 강국이 될 것이 분명하다.

다산 선생을 매우 존경했던 한 명으로서, 좀 더 그 존경의 범위를 확산시켜 다양한 조선의 선비들의 공부법과 공부에 대한 그분들의 치열한 의식을 파헤침으로써 우리 선조의 공부에 대해 좀 더 깊고 넓게 알아보고 싶었다.

다산 선생의 말들을 통해 평생 공부하는 사람이 모름지기 가져야 할 자세와 의식을 배웠다면 이제 범위를 확산시켜 다른 선조들의 공부의 세계에 빠져 들고 싶었다.

이 책은 우리 선조들의 공부법에 대한 치열한 공부의 부산물이기도 하다. 또한 지금까지 제대로 정리되지 못한 선조들의 공부에 대한 종합적인 탐구서이자 선조들의 공부에 대해 연구하고 공부하고자 하는 사람들의 첫 입문서라고 생각한다.

서양의 현인들, 중국의 현인들에 대해서 공부하고 연구한 책들은 지금도 우리 선조들에 대한 공부와 연구보다 훨씬 더 많다는 사실은 가슴 아픈 현실이기도 하다.

숨겨진 0.1% 공부의 신들의 천재공부법을 연구하면서, 진짜 그들을 천재가 되게 해 준 것은 바로 공부에 대한 그들의 높은 의식과 학문적인 자세였다는 사실이다.

우리 선조들의 공부법을 보면 몇 가지 두드러진 특징이 있다. 먼저 "공부는 사람다운 사람이 되기 위해 누구나 해야만 하는 아주 가까이 있는 것이며, 특별한 사람만이 하는 것은 아니다"라고 강조한 율곡 이이의 공부법과 "옥도 다듬지 않을 수 없고, 재목도 깎지 않을 수 없으며, 사람도 배우지 않을 수 없는 것이다."라고 말한 담헌 홍대용 선생의 공부법, 그리고 "사람이 세상에 나서 책을 안 읽고(공부를 하지 않고) 무슨 일을 하겠는가?"라고 말한 다산 정약용 선생의 말처럼, 공부는 사람이라면 누구나 해야 하는 것이라는 사실을 강조했음을 알 수 있다.

"공부를 그저 출세의 수단으로만 여겨서는 공부도 잃고 나도 잃는다."라고 말한 다산 선생과 "독서를 하면서 써먹을 것을 구하는 것은 모두 사심에서 비롯된 것인데, 해 마칠 때까지 독서를 해도 학문에 진보가 없는 것은 사의(私意)가 그것을 해치기 때문이다."라고 말한 연암 박지원 선생의 말에서처럼 공부는 다른 수단을 위해서 하는 것이 아니라는 것을 알 수 있다.

또한 선비들의 공부법을 통해 배울 수 있는 것들은 "명색은 책을 읽는다 하면서 실제 몸으로 행하지 못하면 문장을 아름답게 꾸미게 하고 입만 번지르르하게 하는 도구일 뿐이니, 그런 것은 진정한 학문, 즉 참된 공부가 아니다"라고 말한 명재 윤증의 말을 토대로 볼 때, 행함을 강조했다는 것을 알 수 있다.

우리 선조들의 공부에 대한 생각을 큰 것들로만 몇 가지 정리해 보면 이렇다.
첫째, 공부는 인간이라면 누구나 마땅히 해야 하는 것.
둘째, 공부를 다른 것들의 수단으로 여겨서는 안 된다는 것.
셋째. 공부하는 데 잔 꾀를 부리지 않는다는 것.
넷째. 공부를 했다면 몸으로 행해야 한다는 것.
다섯째. 공부를 했다면 자신이 겸손해져야 한다는 것.

한 마디로 우리 조상들의 공부에 대한 견해는 '사람으로서 세상에 태어났다면, 반드시 해야 하는 것이며, 그것에 진정한 기쁨과 즐거움과 삶의 의미와 인간답게 살아가는 길이 있으며, 더불어 몸으로 실천하는 행함이 어우러지는 삶으로서의 공부'를 의미하는 것 같다.
우리 선조들의 공부법을 통해 보다 밝은 한국 사회와 미래를 열어 가는 데 조금이라도 일조를 했으면 좋겠다.
끝으로 이 책을 읽는 독자들이 오해를 하지 않아야 할 점이 하나 있다. 그것은 이미 조선의 선비들에 대한 공부에 대한 좋은 책들이 권위 있는 학자들에 의해 많이 출간되어 있는 것은 사실이다. 하지만 그 책들이 모두 수준이 높고 다소 일반 대중들이 보기에 어렵다는 것이다. 일반 대중들이 접근하기에는 다소 학문적이고 난해하다는 점을 부인할 수 없다.

이 책은 바로 이러한 점을 해결 해 주는 교량 역할을 하는 책이라고 할 수 있다. 즉 필자의 가장 큰 장점은 어려운 주제나 이야기를 대중들이 쉽고 편하게 재미있고 유익하게 읽을 수 있도록 풀어서 전달해 주는 그런 대중적인 글쓰기라는 점이다.

이 책도 바로 그런 책이다. 조선 선비들에 대해 잘 설명해 놓은 수준 높은 책들을 좀 더 쉽고 편하고 재미도 있게 적절하게 소개함으로써 독자들로 하여금 난해하고 어려운 책들을 좀 더 쉽고 편하게 읽을 수 있도록 해 주는 국문학과 조선 선비들의 공부에 대한 대중적인 입문서 역할을 해 주는 책이라는 점이다.

그래서 이미 조선의 선비에 대한 학식이 높은 사람들은 그저 참조용으로 읽으면 될 것이고, 일반 대중들은 수준이 높고 이해하기 힘들고 그래서 재미가 반감되었던, 그래서 잘 읽지 않았던 선비들의 공부에 대한 주제의 책들을 좀 더 재미있게 읽기 위한 입문서로 사용하면 좋을 책임을 미리 밝혀 둔다.

한국의 지식인 혹은 교양인으로서 최소한 우리 선조들의 공부에 대하여 알고 있어야 할 정도의 교양을 위한 책으로 읽어도 별 무리가 없을 것이다. 너무 딱딱하고 어렵지 않게 대중들을 위한 선비들의 평생 공부법이란 이 책을 통해 과거 우리 선조들의 공부의 발자취를 더듬어 보는 좋은 기회가 되었으면 좋겠다.

마지막으로 우리가 꼭 알아야 할 우리 선조들의 공부법에 대해 마지막에 정리해 놓았다. 그것을 약간만 더 간단히 소개하면 이렇다.

조선 시대 최고의 지식 경영 대가라고 해도 손색이 없는 다산 선생의 공부법은 한 마디로 '초서법'이다. 그리고 선비는 아니었지만, 평생 책을 읽고 공부를 하여 일가를 이루었다는 점에서 조선 시대의 선비와 하나도 다를 바 없는 세종대왕의 공부법은 '백독백습'이다. 백 번이나 반복해서 읽고, 백 번이나 쓰는 공부법이었다. 명재 윤증 선생도 역시 기록하는 공부인 차기공부(箚記工夫)를 강조했다.

남명 조식과 화담 서경덕은 모두 공부란 사물을 궁구하는 것이며 깊이 생각하고 사색하는 공부를 강조했던 선비들이었다. 또한 퇴계 이황은 공부란 거울을 닦는 것과 같기 때문에 쉬지 말고 반복해서 해야 하는 것이라고 말했다. 그렇기 때문에 당연히 그의 공부는 오래도록 하는 구원공부(久遠工夫)였던 것이고, 힘들도록 부지런하게 해야 하는 근고공부(勤苦工夫)였던 것이다.

율곡 이이의 공부법은 자경문을 통해 스스로 마음을 다잡아 스스로 해나가는 공부였다. 그리고 혜강 최한기 선생은 세상의 출세보다는 공부 그 자체에 열정을 가지고 공부를 좋아했던 인물이었다. 담헌 홍대용 선생은 입이 아닌 마음으로 읽는 독서와 공부를 강조했다. 마음을 다잡기 위해서 책을 읽거나 공부를 할 때 몸가짐을 바로 하는 것을 중요하게 생각했다.

명재 윤증 선생은 행함이 없는 공부는 공부라고 하지 않았고, 언제 어디서든 공부를 해야 하고, 쉬지 않고 해야 한다는 것을 강조하면서, 큰 사람이 되는 공부를 하라고 강조했다.

퇴계 이황 선생은 공부란 거울을 닦는 것과 같다고 하면서 인격을 위한 공부를 하라고 말했다. 성호 이익 선생은 자만심을 경계하고 날마다 새롭게 되는 공부를 하라고 강조했다. 화담 서경덕 선생은 공부를 하면 누구나 성인이 될 수 있다는 주장을 했고, 독서보다는 사색을 통한 공부를 강조했다. 특히 기억에 남는 것은 책을 통해 사색을 한 것이 아니라 책 없이 사색을 통해 이치를 깨닫고 그 후 책을 통해 확인하는 공부였다는 점이다.

공부법과 함께 조선 시대 선비 중에서 가장 인상에 남는 독서법을 실천했던 선비 중에서 백곡 김득신 선생을 빼놓을 수 없을 듯하다. 그는 억만 번을 읽고 또 읽어서 결국 일가를 이루고 이름을 남긴 학자였다.

그와 함께 쌍벽을 이루는 독서의 대가가 바로 '간서치'로 널리 알려진 청정관 이덕무였다. 그는 평생 2만 권이 넘는 책을 읽었고, 남들보다 한 단계 더 규율이 있는 공부를 했던 학자였다.

조선의 선비 중에 빼 놓을 수 없었던 인물은 바로 '혜강 최한기' 선생이다. 그는 출세보다는 공부를 선택했고, 과거의 전통적인 학문보다는 미래를 선택했던 학자였다. 놀랍게도 그는 다작 분야에서 1000권의 책을 집필했던 조선 제일의 선비였던 것이다.

조선 선비들의 대표적인 공부 비법과 특징을 간단하게 요약하여 정리해 보면 이렇다.

◆ 메모하고 필기하는 공부를 하라.
다산 정약용, 명재 윤증, 세종대왕

- ◆ 깊이 생각하고 궁리하는 공부를 하라.
  남명 조식, 화담 서경덕, 다산 정약용.
- ◆ 반복해서 읽고 습득하는 공부를 하라.
  세종대왕, 성호 이익, 퇴계 이황.
- ◆ 입이 아닌 마음으로 읽고 공부를 하라.
  담헌 홍대용, 퇴계 이황, 율곡 이이.
- ◆ 중요한 대목은 암기하고 체득하는 공부를 하라.
  담헌 홍대용.
- ◆ 언제 어디서든 쉬지 않는 공부를 하라.
  명재 윤증, 퇴계 이황.
- ◆ 진리 탐구에 그치지 말고 실천하는 공부를 하라.
  명재 윤증. 담헌 홍대용, 남명 조식.
- ◆ 세상에 도움을 주고 편안케 하는 공부를 하라.
  성호 이익, 연암 박지원.
- ◆ 말을 적게 하고, 자랑하기 위한 공부를 경계하라.
  담헌 홍대용, 퇴계 이황, 율곡 이이.
- ◆ 큰 사람이 되는 공부를 하라.
  명재 윤증, 율곡 이이, 화담 서경덕.

자. 이제 본격적으로 우리가 몰랐던, 숨겨진 우리들의 0.1% 공부의 신들의 진짜 천재가 되는, 천재공부법에 대해 폭넓게 심층적으로 공부법을 공부해 보자.

이 책을 통해 그동안 우리가 몰랐던 진짜 공부의 신들에 대한 공부법을 알게 되어, 공부의 신들이 많이 탄생하여 노벨상 수상자가 일본보다 더 많아지게 된다면 필자는 더없이 기쁠 것 같다.

100년 안에 노벨상 수상자가 이웃 나라를 뛰어넘게 되는 일이 절대 일어날 수 없는 불가능한 일은 아닐 것이라는 희망을 가져 본다.

2020년 코로나가 와도 유난히 눈부신 봄이 오는
북한산자락 개인 공부방에서
공부하는 학생 김병완

: 머리말 : 조선 시대 0.1% 공부의 신들은 과연 어떻게 공부했을까?   004

제 1 부
숨겨진 0.1% 공부의 신들의 천재공부법

다산 정약용
공부를 출세의 수단으로 여기지 마라   020

연암 박지원
공부에는 왕도가 따로 없다   054

담헌 홍대용
배우고 닦지 않으면 발전이 없다   070

insight in 조선 선비 _ 선비가 지켜야 할 36가지 덕목   085

제 2 부
아무도 몰랐던 0.1% 공부의 신들의 천재공부법

퇴계 이황
오래도록 하는 공부를 하라   088

율곡 이이
스스로 나태해짐을 경계하고 부단히 노력한 공부의 신   106

남명 조식
항상 깨어 사색하는 공부를 하라   126

성호 이익
용맹한 장수처럼 공부하라   142

insight in 조선 선비 _ 조선 시대 선비라면 반드시 읽어야 할 책   155

제 3 부
숨겨진 0.1% 공부의 신들의 천재공부법과 0.1% 독서법

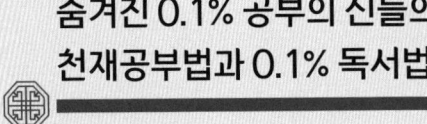

명재 윤증
쉬지 않는 공부를 해야 성취를 할 수 있다   158

화담 서경덕
공부하면 성인이 될 수 있다   170

우암 송시열
말을 적게 하는 공부를 하라   190

서애 유성룡
마음을 다잡는 공부를 하라   194

백곡 김득신
조선 시대 최고의 독서가   198

청장관 이덕무
규율이 있는 공부를 하라   204

혜강 최한기
1,000권의 책을 집필한 조선 제일 선비   212

insight in 조선 선비 _ 조선 시대 선비들의 하루 일과   226

제 4 부
우리가 몰랐던 0.1% 공부의 신들과 그들의 공부 이야기

선비란 어떤 사람들이었을까?	229
공부의 유래를 찾아서	232
또 다른 공부의 유래들	235
우리 선조들, 특히 조선 선비들에게 공부란?	239
꼭 알아야 할 우리 선비들의 공부 비법	241

제 1 부

숨겨진 0.1%
공부의 신들의
천재공부법

다산 정약용(茶山 丁若鏞) / 1762~1836년

"공부를 그저 출세의 수단으로만 여겨서는 공부도 잃고 나도 잃는다."
"백 년도 못 되는 인생이 공부를 하지 않는다면 이 세상에 살다간 보람을 어디서 찾겠는가?"
"사람이 세상에 나서 책을 안 읽고(공부를 하지 않고) 무슨 일을 하겠는가?"
"실제에 쓸모가 없다면 하나마나한 공부다. 물론 학문 자체가 다 실용적 일 수는 없고, 그래서도 안 된다. 다만 학문을 위한 학문, 학문으로 끝나는 학문이어서는 곤란하다. 학문을 함으로써 세상을 보는 안목이 툭 터지고, 식견을 깨칠 수 있어야 한다."
"인간으로 하여금 짐승과 벌레의 부류를 벗어나 저 광대한 우주를 지탱하게 만드니, 독서야말로 우리들의 본분이라 하겠다. 학문은 천하의 공변된(공평한) 것이다."

◆ 다산 정약용 ◆
공부를 출세의 수단으로 여기지 마라

조선 최고의 지식인 _ 많은 책을 읽고 많은 책을 쓰라

조선 시대 최고의 지식인 중에 한 명으로 다산 정약용 선생을 꼽는다면 큰 무리가 없을 것이다. 그가 남긴 책, 그의 공부 자세와 공부에 대한 정신, 그리고 실제로 공부에 전념한 기간 등을 살펴 볼 때 충분히 그렇다고 할 수 있을 것이다. 하지만 그것보다 그가 남긴 방대한 저술, 다양한 분야에 대한 그의 학문적 성취도를 볼 때 조선 최고의 지식인이었다고 할 수 있다.

"조선의 선비들은 주자학으로 불리는 성리학을 유교의 정통으로 인식했고, 학문의 정점을 [주자대전]에 두었다. 어떻게 보면 학문이 성리학으로 지나치게 편향되어 학문적으로 국가나 사회의 발전을 이끄는 데에는 한계가 있었다. 다산 정약용은 이러한 한계를 인식하고 실학사상을 자신의 저서에 반영했다.

그는 [경세유표], [목민심서], [흠흠신서], [마과회통], [아방강역고]

등을 저술하여 조선 최고의 지식인으로 불렸다. 그의 저술은 대부분 18년 동안의 유배 기간과 고향에 돌아왔을 때 쓰였는데 이렇게 다양한 분야의 책을 저술할 수 있었던 것은 어린 시절의 많은 독서가 바탕이 되었음은 두말할 나위가 없다."〈이수광, [공부에 미친 16인의 조선 선비들], 167~168쪽〉

다산 선생이 어렸을 때부터 책을 많이 읽었다는 사실과 관련된 이야기가 황현의 매천야록(梅泉野錄)에 실려 있다. 간추려서 소개하자면 이렇다. 다산이 어린 소년이었을 때, 당나귀에 서책을 가득 싣고 북한사라는 절에 올라가서 책을 읽으려고 올라가던 중에 실학 4대가로 불리는 이서구 라는 어른을 만났다. 그런데 10여 일 후에 이서구는 고향으로 돌아가는 길에 다시 서책을 당나귀에 가득 싣고 길을 가고 있는 소년 정약용을 길에서 또 우연히 만나게 되었던 것이다. 서책을 당나귀에 가득 싣고 절에 올라가 책을 읽고자 절에 올라간다던 소년이 책은 읽지 않고 길거리를 배회하고 있는 것처럼 보였기 때문이다. 그래서 이서구는 의아해하며 소년 정약용에게 호통치듯 물었던 것이다.

"너, 이놈, 너는 무엇을 하는 놈이냐, 글을 읽는다고 서책을 당나귀에 가득 싣고 다니면서 글을 읽지는 않고 길거리나 배회하는 것이냐?"

소년 정약용은 공손하게 다음과 같이 대답했다.

"책을 다 읽고 절에서 내려오는 길입니다."

"저 서책들은 다 무슨 책이냐?"

"[자치통감강목(資治通鑑綱目)]입니다."

이서구는 깜짝 놀랐던 것이다. [자치통감강목]은 중국 역사를 다룬 방대한 책이었기 때문에 열흘 만에 다 읽는다는 것은 불가능한 일이라고 생각했기 때문이다.

"[자치통감강목]을 어떻게 열흘 만에 다 읽을 수 있다는 말이냐?"

"읽은 것이 아니라 거의 다 외웠습니다."

이서구는 또 한 번 놀라지 않을 수 없었던 것이다.

이 이야기는 다산 선생이 어렸을 때부터 얼마나 치열하게, 지독하게 열심히 다양한 책들을 많이 읽었는지를 말해주는 것이라고 할 수 있을 것이다.

백 년도 못 되는 인생의 보람은 공부뿐이다

필자가 평범한 직장인에서 책을 쓰는 작가로 변신할 수 있게 해 준 은인 중에 한 명을 꼽으라고 한다면 바로 다산 정약용 선생이라고 할 수 있다. 그것은 필자가 아무것도 몰랐을 때, 다산 선생이 공부의 참된 이유에 대해서 큰 깨우침을 주었기 때문이다. 그가 한 말 중에서도 필자를 가장 크게 깨우쳐 준 말은 단연코 이것이었다.

'백 년도 못되는 인생이 공부를 하지 않는다면 이 세상에 살다간 보람을 어디서 찾겠는가?'

정말 우리 인생은 백 년을 넘지 못 할지도 모른다. 그런데 중요한 것은 인생을 살았던 횟수가 아니라 '공부를 하였는지 아니면 안 하였는지'라는 의식을 가지게 해주었다는 것이다.

충격이었다. 그저 직장을 구하고, 직장에서 열심히 살았던 평범한 40

대의 중년에게 '얼마나 열심히 살았습니까?'라고 묻는 보통의 질문과 달리 다산 선생은 '얼마나 공부를 했습니까?'라고 세상과 다른, 그러면서도 돌직구(?)를 던지는 것이었다.

삶의 보람을 위해서 공부를 하라고 주장하는 다산 선생은 여기서 좀 더 나아가서 다음과 같은 말을 통해 무슨 일을 하더라도 공부가 가장 기본적인 토대가 되어 준다고 간결하게 말한다.

'사람이 세상에 나서 책을 안 읽고(공부를 하지 않고) 무슨 일을 하겠는가!'

정말 이 말은 생각하면 할수록 진리인 것 같다는 생각이 든다. 위대한 투자가들인 워렌 버핏, 조지 소로스 등을 생각해 보면, 투자를 하더라도 책을 많이 읽은 사람들이 잘 한다는 것을 알 수 있기 때문이다. 심지어 전쟁의 영웅들도 모두 책벌레들이지 않는가? 대표적인 인물이 바로 나폴레옹일 것이다.

한 나라의 대통령들은 대부분 책벌레들이다. 책벌레가 아니고서는 절대로 대통령이 될 수 없고, 된다 해도 잘 할 수 없을 것이다. 그래서 위대한 대통령일수록 책을 많이 읽고 공부를 평생 하는 사람들이라는 사실도 알 수 있는 것이다.

다산 선생을 비롯해서 위대한 위인들은 그저 출세하기 위해 공부를 하거나 책을 읽지 않았을 것이라고 필자는 생각한다. 그 이유는 출세를 하기 위한 그런 사심이 들어간 공부에는 그 어떤 정진도 이루어질 수 없기 때문이다. 아무리 공부를 하고, 많은 책을 읽어도 사심이 들어가고, 욕심이 생기면 그 어떤 것도 눈에 보이지 않게 되고, 아무리 읽어도 도를 깨닫지 못하게 된다고 필자는 생각한다. 다산 선생은 또한 이런 말을 했다.

"공부를 그저 출세의 수단으로만 여겨서는 공부도 잃고 나도 잃는다."

다산 선생이 18년 동안의 유배지 생활을 통해 500여 권 이상의 저술을 남길 수 있을 만큼 학문적인 성장을 이룬 것은 공부를 출세의 수단으로 여기지 않았기 때문이라고 할 수 있다. 인간은 지혜롭지만 또한 어리석은 존재이다.

그래서 무엇인가에 욕심을 내게 되면 오히려 그것을 더 못 이루게 되는 경우가 많다. 그래서 과욕은 금물이라는 말이 있는 것이다. 공부에도 이 말은 그대로 적용이 된다. 욕심을 내는 사람은 오히려 더 이루지 못하게 된다. 그래서 공부를 통해 무엇인가를 이룬 사람들은 처음부터 세상에서 더 이상 희망이 없는 사람들인 경우가 적지 않다.

억울한 누명으로 사형수가 된 사람이 결국에는 큰 깨달음을 얻게 되어 인류에게 위대한 책을 남긴 사례가 서양에 많고, 한국에는 모함을 당해 유배지로 내려온 이들 중에서 학문적인 성공을 이룬 사람들이 적지 않은 것이 바로 이런 이유에서이다. 공부를 하는 사람들이 세상에서 출세하기 위해 공부를 수단으로 삼게 되면 공부를 아무리 해도 눈에 참 된 공부가 보이지 않게 되고, 들리지 않게 된다. 욕심 때문에 그렇다.

다산 선생이 만약에 세상에 출세하기 위해서 공부를 했더라면 절대로 18년 동안 500여 권이라는 책을 저술해 내지 못했을 것이다. 수단으로 삼아 하는 공부와 공부가 그 모든 것이 되어 하는 공부는 절대 다르기 때문이다. 공부를 아무리 많이 해도 인격이 달라지지 않는 것은 수단으로 삼아 공부를 했기 때문이라고 할 수 있다. 그런 점에서 아무리 고차원적인 공부를 하더라도 인간으로서 기본적으로 지켜야 할 인격을 갖추지 못한 경우에는 공부가 제대로 되었다고 할 수 없다.

톰 피터스는 자신의 책 [리틀 빅 씽]이란 책을 통해서 존스홉킨스 대학의 포르니 교수의 말을 소개한 적이 있다.

"여러 해 동안 문학은 내 삶이었다. 어느 날 이탈리아의 가장 위대한 시인인 단테의 〈신곡〉을 주제로 강연하면서 나는 새로운 사실을 깨달았다. 그것은 학생들에게 단테에 대해 가르치는 것보다 친절한 사람이 되도록 가르치는 것이 더 중요하다는 사실이었다. 학생들이 아무리 단테를 잘 배운다고 해도 밖에 나가서 버스에 탄 할머니에게 불친절하게 대하면 나는 선생으로서 실패했다고 느끼게 될 것이다." 〈톰 피터스, [리틀 빅 씽], 109~110쪽〉

인간답게 살기 위해 공부를 한다고 하는 지성인들이 길거리의 할머니에게, 건물의 청소하는 아줌마에게 불친절하다면 그것은 참된 공부가 된 것이 아니다. 출세나 성공을 위한 공부를 했기 때문이다. 다산 선생의 참된 공부의 정신을 한국 사회는 배워야 할 필요가 있을 것이다.

다산 선생의 대표적인 공부법 _ 초서법

다산 선생은 대표적인 조선의 지식인이다. 뿐만 아니라 그는 아동 교재와 교육에 대해서도 큰 관심을 가진 인물이라는 사실을 그의 저작들을 통해 쉽게 알 수 있다.

그가 자녀들 혹은 아동들에게 항상 주장해 온 공부법은 단순히 기억하거나 암송하는 것이 아니다. 그가 주장하는 공부법은 논리적이고 체계적인 공부 접근법을 강조한다.

3년 동안 세상과 단절하며 평생 읽을 책들을 이 기간에 읽은 필자는 그 덕분에 어디에 가서 작가라는 명함을 겨우 내밀 수 있게 되었다. 그런데 어떻게 해서 3년 동안 아무리 지독하게 공부를 했다고 해도 3년 만에 평범했던 중년이 책을 쓸 수 있는 작가로 변신을 할 수 있었던 것일까? 그것은 훌륭한 공부법에 있다고 필자는 스스로 결론을 내린다.

머리가 그렇게 좋은 것도 아니고, 심지어 기억력은 30대 초반부터 급격하게 떨어졌다. 아마도 삼성전자를 다니면서 휴대폰 연구를 하면서 전자파를 너무 많이 접했기 때문이라고 추측해 보기도 한다. 생각해 보라. 휴대폰을 하나만 사용해도 전자파가 유해하다고 논쟁이 일어나고 있을 정도인데 하루 종일 휴대폰 수십 개에 둘러싸인 채 연구를 하고 직접 분해하고 조립하는 일을 10년 넘게 했다는 것을 말이다.

40대를 전후하는 나이의 중년들은 확실히 기억력이 떨어질 수밖에 없다. 그런데 놀라운 사실은 공부를 하는 데 기억력은 그닥 중요하지 않다는 사실이다. 물론 학창시절에 시험 성적이 좋은 사람들은 모두 이해력과 무엇보다도 기억력이 좋아서 암기를 잘 하는 이들이다. 하지만 단순히 암기를 잘 한다고 해서 무엇인가를 발견하고, 창조해 내는 창조력이 좋다고 할 수 없는 것이다.

어쨌든 필자는 평범했다. 그런데 작가가 되었다. 그것도 짧은 시간에 말이다. 그 이유는 필자가 남들보다 열 배 정도 더 노력을 하고, 세상의 모든 것들을 다 포기하고 산 속에 들어가 도 닦는 사람처럼 3년을 보냈기 때문이기도 하지만, 그것보다 몇 십 배 더 중요한 이유가 있다.

그 이유는 바로 '필자가 우연히 사용하게 된 공부법'이 바로 다산 정약용 선생이 사용했던 그분의 '초서법'과 아주 유사했다는 것이다. 물론 다산 선생의 '초서법'이라는 사실을 모른 채 말이다. 즉 필자가 누군가의 공부법을 알게 되어서, 그것을 흉내낸 것이 아니라 우연히 하다 보니 저절로 자신에게 맞는 공부법을 발견하여 그렇게 공부를 하게 되었는데, 그것이 나중에 보니 다산 선생의 공부법과 매우 비슷했다는 말이다.

필자가 지금 책을 많이 쓸 수 있는 작가가 될 수 있었던 것은 필자의 남다른 공부법에 있다.

이와 마찬가지로 약 2백 년 전에 다산 정약용 선생이 18년 동안 제주도 유배지에서 엄청난 책을 읽고 공부를 하신 것뿐만 아니라 500권이라는 저서를 남기기까지 할 수 있었던 것은 한 마디로 남다른 공부법인 '초서'의 힘이라고 필자는 생각한다.

물론 18년 동안 유배지 제주에서 복사뼈가 세 번이나 구멍이 날 정도로 노력했기 때문이기도 하지만, 방법이 효과적이지 못할 경우 성과는 미비할 수 있다는 것이 필자의 지론이다. 다산 선생은 초서를 자신의 공부법으로 삼았을 뿐만 아니라 자녀들에게도 강조했다.

그렇다면 초서(抄書)란 무엇일까? 초서(抄書)란 책에서 중요한 부분이나 내용을 뽑아 옮겨 쓰는 것을 말한다. 이런 점에서 필사(筆寫)와 다르다. 필사는 그냥 베끼어 쓰는 것을 말한다. 초서는 책의 내용 가운데 중요한 부분만을 뽑아서 쓰는 것이다.

그래서 필자가 개인적으로 추천하는 독서법은 필사가 아닌 초서이다.

물론 어떤 의미에서는 필사와 초서가 비슷하다고 할 수 있지만, 엄밀하게 말하면 필사는 과거에 책의 양이 절대적으로 적었을 때, 책 한 권 구하기가 하늘의 별 따기 만큼 힘들었을 때 가장 효과적인 독서법이라고 생각한다.

초서는 지금처럼 너무나 많은 책들, 많은 작가들이 넘치는 이 시대에 더욱 더 필요한, 즉 시대의 흐름에 맞는 통합적인 독서법이라고 생각하는 것이다.

다산 선생은 둘째 아들인 학유에게 부치는 편지 중에서 독서에 대해 아들에게 당부하는 내용이 나온다.

"초서하는 방법은 반드시 먼저 자기의 뜻을 정해 만들 책의 규모와 편목을 세운 뒤에 남의 책에서 간추려내야 맥락이 묘미가 있게 된다. 만약 그 규모와 목차 외에도 꼭 뽑아야 할 곳이 있을 때는 별도로 책을 만들어 좋은 것이 있을 때마다 기록해 넣어야만 힘을 얻을 곳이 있게 된다. 고기 그물을 쳐놓으면 기러기란 놈도 걸리게 마련인데 어찌 버리겠느냐?"

그런데 이것보다 더 초서의 효과를 강조한 대목이 있다. [다산 선생 지식 경영법]이란 책에 보면 다산 선생이 얼마나 초서의 효과를 강조했는지 생생하게 느낄 수 있는 그의 편지가 소개되어 나오는 데 그 중에 일부만 소개하면 이렇다. 그가 초서의 방법에 회의를 느끼고 초서의 효과를 의심하던 두 아들에게 보낸 '두 아들에게 답함'이라는 편지 내용 중에 일부이기도 하다.

"학문의 요령은 전에 이미 말했거늘, 네가 필시 이를 잊은 게로구나. 그렇지 않고서야 어찌 초서의 효과를 의심하여 이 같은 질문을 한단 말이냐? 무릇 한 권의 책을 얻더라도 내 학문에 보탬이 될 만한 것은 채록하여 모으고, 그렇지 않은 것은 눈길도 주지 말아야 한다. 이렇게 한다면 비록 백 권의 책이라도 열흘 공부거리에 지나지 않는다." 〈140~141쪽, 정민, [다산 선생 지식 경영법]〉

그의 편지에는 '중요한 내용을 베껴 쓰는 일을 그만두어서는 안 된다.', '책에서 뽑아내면 바야흐로 일관되게 꿰는 묘미가 있다.'라고 말하는 대목이 자주 나온다. 한 마디로 다산 선생의 공부법의 핵심은 '부지런히 초록하고 쉴 새 없이 기록하는 것'이었다.

다른 학자가 이 부분을 조금 다르게 해석하여 소개한 부분이 있다. 좀 더 정확한 이해를 돕기 위해 이것도 살펴보자.

"책의 내용을 가려 뽑는 방법(초서)은 나의 학문에 먼저 주관이 확립된 뒤에야 옳고 그름을 판단할 수 있는 저울이 마음속에 있어서 취사선택이 어렵지 않게 되는 것이다. 학문의 요령을 지난번에 말해 주었는데, 필시 네가 잊은 게로구나. 그렇지 않다면 무엇 때문에 책을 가려 뽑는 것에 의심을 하여 이러한 질문을 하였느냐. 언제나 책 한 권을 읽을 때에는 학문에 보탬이 될 만한 대목이 있으면 뽑아 모으고, 그렇지 않은 것은 눈을 붙이지 말아야 한다. 이렇게 한다면 비록 백 권의 책이라도 열흘의 공부면 충분할 것이다."〈김건우, [옛사람 59인의 공부 산책], 162쪽〉

그의 남다른 공부법이 18년 동안의 유배지에서 500권이라는 엄청난 책들을 쓸 수 있게 해 주었던 것이라고 필자는 생각한다.

다산 선생이 초서 공부를 매우 중요시 여겼다는 사실은 정민 선생의 [삶을 바꾼 만남]이란 책에서도 쉽게 찾아 볼 수 있다.

"다산은 초서 공부를 대단히 중시했다. '제대로만 익히면 1백 권의 책을 열흘에 해치울 수 있다. 공부에는 요령이 필요하다. 초서를 통해 그 요령을 익힐 수가 있다. 덮어놓고 읽지 말고 가려서 읽어라. 처음 보는 내용은 따로 적어두어야 한다. 탄식만 하지 말고 모르면 물어라.'" 〈정민, [삶을 바꾼 만남], 31쪽〉

다산 선생은 하나도 과감하지 않고 초서법을 통해서 백 권의 책이라도 열흘의 공부면 충분할 수 있다고 말했다. 다산 선생이 다방면에 걸쳐서 500여 권의 책을 18년 동안 저술한 것을 보면 그의 말이 허투루 하는 말이 절대 아니라는 사실을 알 수 있을 것이다.

과골삼천(踝骨三穿) 이야기

공부법이 아무리 좋다고 해도 다산 선생의 남다른 지독한 노력도 절대 무시할 수는 없다. 그의 노력에 대해 잘 알 수 있는 말이 과골삼천(踝骨三穿)에 대한 이야기이다. 다산 선생의 제자인 황상도 역시 그 선생에 그 제자였다. 그도 또한 70세가 넘어서도 독서와 초서를 멈추지 않았다. 그래서 주위 사람들은 그에게 다음과 같이 물었다곤 한다.

"선생님, 뭐 하러 그 나이까지 그렇게 고되게 책을 읽고 베껴 쓰십니까?"

이러한 질문을 들을 때마다 그는 자신의 스승인 다산 선생의 독서와 초서를 하시면서 복사뼈에 구멍이 세 번이나 난 것, 즉 과골삼천(踝骨三穿)에 대한 이야기를 했다고 한다.

"우리 선생님은 귀양지에서 20년을 계시면서 날마다 저술에만 힘써 과골, 즉 복사뼈가 세 번이나 구멍이 났다. 선생님께서 '부지런히 공부해라'라고 친히 가르쳐 주신 말씀이 아직도 귀에 쟁쟁한데 관 뚜껑을 덮기 전에야 어찌 그 지성스런 가르침을 저버릴 수 있겠는가?"

이러한 사실을 명확하게 정리하여 기록해 주신 분이 바로 정민 교수이다. 그는 자신의 책을 통해 이러한 사실을 좀 더 구체적으로 이렇게 서술해 놓았다.

"내 스승이신 다산 선생님께서는 이곳 강진에 귀양 오셔서 스무 해를 계셨네. 그 긴 세월에 날마다 저술에만 몰두하시느라 바닥에 닿은 복사뼈에 세 번이나 구멍이 났지. 열다섯 살 난 내게 '부지런하고 부지런하고 부지런하라'는 삼근(三勤)의 가르침을 내려주시면서 늘 이렇게 말씀하시곤 했네. "나도 부지런히 노력해서 이를 얻었느니라. 너도 이렇게 하거라." 몸으로 가르치시고 말씀으로 이르시던 그 가르침이 60년이 지난 오늘까지도 어제 일처럼 눈에 또렷하고 귓가에 쟁쟁하다네. 관 뚜껑을 덮기 전에야 어찌 그 지성스럽고 뼈에 사무치는 가르침을 저버릴 수 있겠는가. 공부를 하지 않는다면 그날로 나는 죽은 목숨일세. 자네들 다시는 그런 말 말게." 〈정민, [삶을 바꾼 만남], 13쪽〉

필자가 다산 선생을 끝없이 존경하는 이유 중에 하나는 18년 동안의 유배 생활은 한 사람을 완전히 매장시키고 병들게 하고 지치게 할 만한 형벌이다. 그런데도 그는 그 오랜 유배 기간 동안 그저 잊힌 사람으로 살지 않았던 것이다.

그는 학자로서 공부하는 사람의 귀감이 되고도 남을 정도로 학자로서의 본분을 잃지 않았던 인물이었다. 그는 자신을 끊임없이 갈고 닦았다. 그러면서도 자기 하나만을 생각하지 않고, 백성을 편안히 하는 '수기치인'의 자세를 일관되게 보여 주었고, 또 실천했다.

즉 공부란 과거를 보기 위해서, 출세하기 위해서 하는 것이 아니라, 자신을 수양하기 위해서 하는 것이며, 사람이라면 공부를 하는 것이 마땅한 일이라고 생각했고, 그것을 자신의 삶을 통해 실천해서 보여 주었던 것이다. 그는 500여권 이상의 방대한 저서를 남긴 대학자였다. 그 분야도 놀라지 않을 수 없다. 철학, 문학, 정치, 경제, 법률, 지리, 역사, 의학, 기계, 설계 등으로 다양하기 때문이다.

다산이 얼마나 위대한 학자인지 다음의 글을 통해서 필자는 또 한 번 확인해 볼 수 있었다.

"다산의 사상을 가장 잘 드러냈다고 할 수 있는 〈목민심서〉는 그 자신의 경험과 유배지에서의 생생한 체험을 바탕으로 지방 장관이 지켜야 할 준칙을 서술한 것이다. 전체 12개 항목으로 구성돼 있으며, 강진 유배 당시 완성한 것이다.

이 책은 당시 백성들의 살림살이를 더듬어 보는 데 귀한 자료가 되고 있다. 이 책을 본 외국인 학자가 '조선 후기의 정치가 썩은 것은 조선왕조로 본다면 불행한 일이었지만, 그로 말미암아 다산과 같은 학자가 나온 것은 다행한 일'이라고 말할 정도였다. 그만큼 당대 사회의 핵심을 제대로 꿰뚫고 있는 책이라 할 수 있다."〈문효, [조선의 글쟁이들], 46쪽〉

다산 선생이 위대한 학자라는 사실은 외국인 학자들도 인정하고 있는 것이다. 이렇게 위대한 학자를 만든 것은 바로 과골삼천이라는 불굴의 노력과 끊임없이 정진하는 공부에 대한 다산 선생의 자세 때문이었다고도 생각해 봐야 할 것 같다. 정민 선생이 설명한 과골삼천에 대한 서술을 살펴 보자.

"과골삼천(踝骨三穿)! 처음 이 말을 듣고 어안이 벙벙했다. 두 무릎을 방바닥에 딱 붙이고 공부에만 몰두하다보니 바닥에 닿은 복사뼈에 세 번이나 구멍이 났다. 추사가 먹을 갈아 벼루 여러 개를 밑창 냈다는 말은 들어봤어도 복사뼈에 세 번씩 구멍이 뚫렸다는 말은 여기서 처음 들었다. 우리 선생님은 복사뼈에 구멍이 세 번 나도록 공부하고 또 공부하셨다. 내 복사뼈는 아직도 건재하다. 거기다 여태 아무것도 이루지 못했다. 나는 이것이 부끄럽다. 그래서 이 나이가 되어서도 공부를 그만 둘 수 없다. 그러니 말리지 마라."〈정민, [삶을 바꾼 만남], 13쪽〉

머리가 나빠서 공부를 할 수 없다고 하는 사람들이 적지 않다. 하지만 복사뼈가 세 번이나 구멍이 뚫릴 정도로 노력을 해 봤는지 물어보고 싶다. 필자도 역시 이러한 질문에 예외는 아닐 것이다.

삶을 바꾼 만남 _ 삼근계 이야기

다산 선생이 신유박해 와중에 전라남도 강진 유배 시절, 주막집 더부살이 신세이면서도 서당을 연 일은 다산 선생에게 즐거움 중의 하나였다. 그런데 그 서당에 어느 날 열 다섯 살 난 소년이 찾아왔다. 그 소년은 아전의 자식이었다. 하지만 공부에는 자신이 없었던 아이, 스스로 머리가 나쁘고 둔하고 어리버리하다고 생각하는 그런 아이였다. 하지만 이러한 만남을 통해 한 소년은 대학자가 될 수 있었던 것이다. 이 소년이 바로 황상이다.

이 소년은 다산 선생에게 다음과 같이 진지하게 자신의 속내를 고백하며 인생 최대의 질문을 한 적이 있었다. 왜냐하면 배우는 속도가 빠르지 못했음을 스스로 확실하게 알고 있었기 때문이다. 그런데 그런 자신에게 문사(文史) 공부할 것을 스승인 다산 선생이 권했기 때문이다.

"저 같이 둔하고 막히고 답답하여 머리가 나쁜 아이도 공부를 해서 이룰 수 있나요?"

이 말을 들은 다산 선생은 조금도 주저하지 않고 다음과 같이 말했다.

"오로지 부지런히 노력하면 안 될 것이 없다. 부지런하고 부지런하고 부지런하라."

바로 이 대화에서 그 유명한 삼근계(三勤戒)가 나왔던 것이다. 스스로 둔하고 막히고 답답한 자라고 여기는 제자를 위해 다산 선생은 배우는 사람에게 세 가지 큰 병통이 있지만, 이 제자에게는 그러한 병통이 없다고 격려하며 세 번씩이나 부지런하라고 조언해 주었던 것이다.

삼근계에 대해 소개 해 놓은 책들은 다행히 쉽게 접할 수 있다. 그런 책들 중에 쉽게 잘 정리해 놓은 부분을 쉽게 정리하면 이렇다. .

다산이 제자 황상의 자질을 눈여겨보고 공부를 마친 아이들이 각자의 집으로 돌아가며 인사를 할 때, 황상에게 말했다.

"너는 좀 남거라. 이를 말이 있다."

더벅머리 소년 황상은 주뼛댔다. 다산 선생은 그 소년에게 문사를 닦도록 권했다. 황상은 머뭇거리며 이렇게 말했다.

"선생님, 그런데 저는 세 가지 부족한 점이 있습니다.

첫째 너무 머리가 둔하고,

둘째 앞뒤가 꽉 막혔으며,

셋째 어근버근 답답합니다."

이에 다산이 말했다.

"학문은 좀 한다는 자들에게 세 가지 큰 병통(문제)이 있는데 너에게는 해당하는 것이 하나도 없구나. 첫째는 민첩하게 금세 외우는 것이다. 이런 아이들은 가르치면 한 번만 읽고도 바로 외우지. 정작 문제는 제 머리를 믿고 대충 소홀히 넘어가는 데 있다. 완전히 제 것으로 만들지 못하지. 재주만 믿고 공부를 소홀히 하는 폐단이 있다.

둘째 예리하게 글을 잘 짓는 것이다. 이런 사람들은 질문의 의도와 문제의 핵심을 금세 파악해 낸다. 바로 알아듣고 글을 빨리 짓는 것은 좋은데, 다만 재주를 못 이겨 들떠 날리는 게 문제다.

셋째 깨달음이 재빠른 것이다. 대번에 깨닫고, 이해가 빠른 사람은 한 번 깨친 것을 대충 넘기고 곱씹지 않기 때문에 투철하지 않고, 대충 하고 마니까 오래가지 못하는 경향이 있다"

다산은 이어서 자신의 말을 했다.

"둔한데도 계속 열심히 하면 지혜가 쌓이고, 막혔다가 뚫리면 그 흐름이 성대해지며, 답답한데도 꾸준히 하면 그 빛이 반짝반짝하게 된다"라며 제자를 격려했다.

다산의 이 말을 읽으면서 필자는 가슴을 쳤다. 한국인들의 지능지수는 세계적으로 우수한 편이다. 그리고 실제로 공부도 엄청나게 많이 한다.

세계 명문대를 입학하고 졸업하는 그런 인재들이 웬만한 다른 나라 못지않게 많이 차고 넘친다.

하지만 노벨상을 수상할 정도로 학문적으로 큰 업적을 이룬 사람은 단한 명도 없다. 물론 세상에 알려지지 않았지만 학문적으로 큰 업적을 이룬 사람들이 왜 없을까? 하지만 그렇게 큰 업적을 이룬 사람들이 많다면 노벨상 수상자도 한 두 명은 나와야 한다는 것이다.

그런데 한국에는 아직 학문 분야에서 노벨상 수상자들이 나오지 않았다. 그 이유는 바로 다산 선생이 말한 것 때문이 아닌가 하는 생각이 든다. 한국 학생들 중에 똑똑하고 머리도 좋은 학생들이 오래 학업에 정진하여 세계적으로 크게 명성을 얻는 경우가 다른 나라에 비해 있다고 하지만 적은 것은 부인할 수 없는 사실이다.

다산 선생은 오히려 머리가 좀 나쁘고 둔한 사람들이 노력을 통해 어느 정도의 경지에 이르게 되면 그 때부터는 거칠 것이 없게 된다는 사실을 강조하고 있는 것이다.

즉 머리가 나빠서 '둔한 것이나 막힌 것이나 답답한 것'은 '부지런하고, 부지런하고, 부지런하면' 풀린다는 게 다산의 가르침이었던 것이다. 다산은 이 때 했던 문답을 글로 작성하여 제자 황상에게 주었고, 황상은 이를 평생 간직하며 항상 보고 또 보며 마음을 다 잡으며 정진했다고 한다. 이러한 사실에 대해 정민 선생은 자신의 책을 통해 잘 설명해 놓았다. 먼저 그 중에서도 다산 선생이 제자 황상에게 설명해 준 삼근(三勤)의 원리를 살펴보자.

"내 생각을 말해줄까? 공부는 꼭 너 같은 사람이 해야 된다. 둔하다고 했지? 송곳은 구멍을 쉬 뚫어도 곧 다시 막히고 만다. 둔탁한 끝으로는 구멍을 뚫기가 쉽지 않지만, 계속 들이파면 구멍이 뚫리게 되지. 뚫기가 어려워서 그렇지 한번 구멍이 뻥 뚫리면 절대로 막히는 법이 없다. 앞뒤가 꽉 막혔다고? 융통성이 없다고 했지? 여름 장마철의 봇물을 보렴. 막힌 물은 답답하게 앞으로 나아가지 못한 채 제자리를 빙빙 돈다. 그러다가 농부가 삽을 들어 막힌 봇물을 터뜨리면 그 성대한 흐름을 아무도 막을 수가 없단다. 얼마나 통쾌하냐? 어근버근 답답하다고 했지? 처음에는 누구나 공부가 익지 않아 힘들고 버벅거리고, 들쭉날쭉하게 마련이다. 그럴수록 꾸준히 연마하면 나중에는 튀어나와 울퉁불퉁하던 것이 반질반질, 반반해져서 마침내 반짝반짝 빛나게 된다. 구멍은 어떻게 뚫어야 할까? 부지런히 하면 된다. 막힌 것을 틔우는 것은? 부지런히 하면 된다. 연마하는 것은 어찌해야 하지? 부지런히 하면 된다. 어찌해야 부지런히 할 수 있겠니? 마음을 확고하게 다잡으면 된다. 그렇게 할 수 있겠지? 어기지 않고 할 수 있겠지?"〈정민, [삶을 바꾼 만남], 35~36쪽〉

한 마디로 '부지런하고, 부지런하고 부지런하라'는 것이 이 삼근(三勤)의 주된 핵심이다. 첫째도 부지런하고, 둘째도 부지런하고, 셋째도 부지런하라는 것이다. 바로 이러한 자세가 공부의 최고의 자세이기 때문에 근성이 없는 사람은 절대 공부를 통해 일가를 이룰 수 없는 것이다.

즉 열정, 끈기, 근성은 모두 부지런함으로 표출 될 수밖에 없다. 대충 적당히 하는 사람은 이러한 단어들과 어울리지 않는다. 열 다섯 살의 소년 황상이 다산 선생과의 '삼근계' 문답을 직접 다산 선생에게 받고 60년이 지나 일흔 다섯 살 때 쓴 [임술기壬戌記]란 글에 보면 다산 선생이 직접 써 준 글이 자세하게 소개되어 나온다.

정민 선생이 황상의 [임술기]에서 이 부분을 번역해서 자신의 책에 소개해 준 대목을 우리는 살펴볼 수 있다.

"먼 옛날 임술년에 동파거사는 10월 보름날 적벽강 한가운데서 배를 타고 노닐었다. 옛날 임술년(1802) 10월 10일에 나는 열수 선생님께 제자의 예를 갖추었다. 고금에 한 바가 같지 않지만, 어찌 연도가 우연히 서로 일치됨이 이와 같단 말인가? 금년에 또 임술년을 만나 지나간 옛날을 돌아보며 일시를 꼽아보노라니 온갖 생각이 한꺼번에 일어나 한 시대의 마음 졸이는 사람이라 할 만하였다. 내가 제자의 예를 갖춘 지 이레째 되던 날, 선생님은 문사(文史)를 공부하라는 글을 내리셨다. 그 글은 이러하다.

"내가 산석(山石)에게 문사(文史)공부할 것을 권했다. 산석은 머뭇머뭇하더니 부끄러운 빛으로 사양하며 이렇게 말했다.

"제게 세 가지 병통이 있습니다. 첫째는 둔한(鈍) 것이요, 둘째는 막힌(滯) 것이며, 셋째는 답답한(戛) 것입니다."

내가 말했다.

"배우는 사람에게 큰 병통이 세 가지 있는데, 네게는 그것이 없구나. 첫째 외우는 데 민첩하면 그 폐단이 소홀한데 있다. 둘째, 글짓기에 날래면 그 폐단이 들뜨는 데 있지. 셋째, 깨달음이 재빠르면 그 폐단은 거친 데 있다. 대저 둔한데도 들이파는 사람은 그 구멍이 넓어진다. 막혔다가 터지면 그 흐름이 성대해지지. 답답한데도 연마하는 사람은 그 빛이 반짝반짝 빛나게 된다. 뚫는 것은 어떻게 해야 할까? 부지런히 해야 한다. 틔우는 것은 어찌하나? 부지런히 해야 한다. 연마하는 것은 어떻게 할까? 부지런히 해야 한다. 네가 어떻게 부지런히 해야 할까? 마음을 확고하게 다잡아야 한다."

당시 나는 동천여사에 머물고 있었다. 이때 내 나이가 열다섯이었다. 동자로 관례도 치르지 않았다. 마음에 새기고 뼈에 새겨 감히 잃을까 염려하였다. 그때부터 지금까지 61년 동안 독서를 그만두고 쟁기를 잡고 있을 때에도 마음에 늘 품고 있었다. 지금은 손에서 책을 놓지 않고 한묵 속에서 노닐고 있다. 비록 이룬 것은 없다 하나, 구멍을 뚫고 어근버근함을 틔우는 것을 삼가 지켰다고 할 만하다. 또한 능히 마음을 확고히 다잡으라는 세 글자를 받들어 따랐을 뿐이다. 하지만 지금 나이가 일흔다섯이 넘어 남은 날이 많지 않다. 어찌 제멋대로 내달려 도를 어지럽힐 수 있겠는가? 지금 이후로도 스승께서 주신 가르침을 잃지 않을 것이 분명하고, '애야! 어겨서는 안 된다.'고 하신 말씀을 행할 것이다. 이에 [임술기]를 적는다."〈황상, [임술기] 36~38쪽, 정민, [삶을 바꾼 만남], 36~38쪽 번역〉

원래 본문을 보면 재미있는 사실을 발견할 수 있다. 그 당시 열 다섯 살 밖에 안 된 제자 황상이 둔한 둔鈍, 막힐 체滯, 어근버근할 알戛, 이라는 세 가지 문제를 고민하면서 스승인 다산 선생에게 말했던 것이다.

그런데 다산 선생은 재치있게, 세 가지 글자로 대구를 맞추어 제자의 문제를 해결해 주었던 것이다. 그것이 바로 재빠를 민敏, 날카로울 예銳, 빠를 첩捷, 이라는 세 글자였다. 이것은 똑똑하고 명석하고 재빠른 천재보다 우둔하고 답답한 둔재의 노력이 훨씬 더 중요하다는 것을 일깨워준 위대한 스승의 모범 사례라고 생각해도 될 것이다.

실학의 집대성자 _ 지식 경영대가

다산 정약용 선생이 실학의 집대성자가 될 수 있었던 것은 북학이 성행했던 18세기 후반에서 19세기 전반기를 살았지만, 고향이 남인들의 본거지인 양주였기 때문이라고 생각해 볼 수 있다. 여기에 오랜 시간 유배 생활을 통해 학자로 대성할 수 있었던 철저한 자기 관리와 공부에 대한 남다른 의식이 더해져서 결국 지식 경영의 대가가 될 수 있었다고 볼 수 있다.

"18세기 후반에서 19세기 전반기를 살았던 정약용은 고향이 남인의 본거지인 양주(楊州)였던 까닭에 비록 학문적 계보는 남인 고학에 두었지만, 고학과 북학을 모두 절충한 정조의 지도를 받게 되고, 또 서울 노론의 북학을 접하게 되면서 고학과 북학을 절충하는 사상가로 변하게 되었다. 그래서 정치개혁은 고학을 따라 왕권강화를 지지하고, 경제적으로는 북학을 따라 기술진보를 바탕으로 한 이용후생의 시대를 열고자 했다. 역설적이지만, 순조 초의 18년 동안에 강진(康津)에서 보낸 유배 생활과 양주 고향에서의 오랜 독서 생활이 그로 하여금 큰 학자가 되는 기회를 만들어 주었다."〈한영우, [한국선비지성사], 지식산업사〉

다산 선생이 주장했던 실학의 집대성의 요체는 기예(技藝;기술)의 발전이 인류의 발전의 큰 원동력이라는 사상이었을 것이다. 사람과 짐승이 다른 것도 역시 기예를 이용할 줄 아는 데 있다고 그는 보고 있다.

한 마디로 이용후생(利用厚生)과 부국강병(富國强兵)의 가장 중요한 수단이 바로 기예라고 그는 생각했다. 그래서 기예가 발달한 나라들이 모두 강한 나라가 되고 있음을 강조했다. 뿐만 아니라 그는 민생을 향상시키기 위해 많은 노력을 했던 인물이다.

그가 〈목민심서〉牧民心書를 저술한 주된 목적은 민생을 향상시키기 위한 대안으로 지방 수령의 자질을 높이기 위해서였다고 해도 과언이 아닐 것이다. 또한 그는 백성들의 인권을 보호하기 위해서는 공정하게 법이 집행되어야 한다는 사실을 깨닫고, 공정한 법 집행서인 〈흠흠신서〉를 편찬하기도 했다.

그의 저술은 500여 권이 넘는다. 그리고 그 분야도 너무나 다양하여 그의 해박한 지식에 놀라지 않을 수 없게 만든다. 더욱이 필자로 하여금 가장 놀라게 한 책은 그가 백성들이 돌림병인 천연두로 인해 죽는 것을 보고, 종두를 직접 실험하고 관찰하여, 저술하기도 한 의술서인 〈마과회통〉麻科會通이다. 이 뿐만 아니라 그는 지리와 역사에 대한 책인 〈강역고〉疆域考라는 책도 저술하는 괴력(?)을 발휘하였다.

그가 〈마과회통〉麻科會通이란 책을 편집한 것도 그가 지식 경영의 대가이기 때문에 가능했다고 생각해 볼 수 있다. 그는 6남 3녀의 자녀들 중에서 4남 2녀를 대부분 마마로 잃었다. 그래서 그는 더 이상 천연두로 인해 자신처럼 고통받는 백성이 사라지기를 바라는 마음에서 수많은 의서 醫書들을 읽고 그 중에서 천연두 관련 내용만 추려내, 예방법과 치료법을 정리했던 것이다.

다산 선생을 조선 최고의 지식 경영자라고 필자가 생각하는 이유는 다산 선생의 공부 분야가 마치 현대 경영학의 창시자였던 피터 드러커와 같이 다양한 분야를 넘나들며 다양한 주제에 대해 공부를 하고 저술을 했기 때문이다.

다산 선생이 조선 시대 최고의 지식경영자라고 하는 필자의 생각을 뒷받침 해 주는 책이 바로 [18세기 조선 지식인의 발견]이라는 책이다. 이 책에 보면 다산 선생이 어떻게 최고의 지식 경영자라고 말할 수 있는지에 대해 잘 설명해 놓은 대목을 발견할 수 있기 때문이다.

"내가 아는 한 다산 정약용은 우리나라 최고의 편집자요, 지식 경영의 귀재다. 그는 정보를 다루는 방법을 알았다. 40세에서 57세까지 18년간의 강진 유배 생활 중 5백여 권의 저술을 남길 수 있었던 것도 그의 탁월한 편집 역량 때문이다.

〈목민심서〉牧民心書만 해도 그렇다. 이 책은 자신의 경험을 토대로, 23사와 역대 문집 등에서 백성을 다스리는 목민관의 일과 관련된 사례를 가려 뽑고 해설을 덧붙인 것이다. 역대 문헌에서 추려낸 카드의 양이 우선 엄청나다. 전체 목차를 보면, 부임에서 이임까지의 단계를 12항목으로 나누어 사례를 정리했다. 물론 이 엄청난 작업을 그 혼자 한 건 아니다. 강진의 제자들이 역할을 분담하여 1차 자료를 선별해 베껴 쓰고 분류했다. 다산은 이 모든 작업을 진두지휘한 총기획자요 편집자였다. 그의 손을 한번 거치면 서말 구슬이 단번에 한 꿰미로 꿰어졌다."〈정민, [18세기 조신 지식인의 발견], 24쪽〉

그가 실학의 집대성자가 될 수 있었던 것도 그가 남다른 지식 경영의 귀재였기 때문이라고 생각하면 큰 무리가 없을 것이다. 그렇다면 다산 선생이 쓴 책은 정확히 모두 몇 권이었으며, 어떻게 분류할 수 있을까?

다산 선생이 쓴 책은 정확히 503권이라고 한다. 이러한 사실에 대해 [조선을 만든 사람들]이란 책에 보면 정확하게 다음과 같이 기록되어 있다.

"그가 살아생전 쓴 책은 필사본인 [열수전서(洌水全書)]에 경집 88책 250권, 문집 30책 87권, 잡찬 64책 166권 등 총 182책 503권이었다."
〈이성무, [조선을 만든 사람들], 241쪽〉

실제에 쓸모가 없다면 헛공부다

다산 선생은 공부를 출세의 수단으로 여겨서는 공부도 잃고 나도 잃는다고 경계를 했다. 하지만 또한 실제에 쓸모가 없는 그런 탁상공론에 치우친 공부 또한 헛공부라고 경계를 한다.

아집에 사로잡혀 공부할수록 독해지고 못돼진다면 헛공부라는 것이다. 공부하는 보람을 세상과 담쌓는 데서 찾는 것은 공부에 대한 모독이라고 말한다.

이것이 바로 실학의 정신이 아닐까? 그의 공부론에 대한 주장을 살펴보자. 이것은 다산 선생이 쓴 [도산사숙록]을 보고 정민 선생이 다산 선생의 공부에 대해 정리를 한 내용이다. 정민 선생이 정리한 것을 통해 다산 선생의 공부론을 조금이라도 알 수 있게 되기 때문에 살펴보고자 하는 것이다.

"실제에 쓸모가 없다면 하나마나한 공부다. 물론 학문 자체가 다 실용적일 수는 없고, 그래서도 안 된다. 다만 학문을 위한 학문, 학문으로 끝나는 학문이어서는 곤란하다. 학문을 함으로써 세상을 보는 안목이 툭 터지고, 식견을 깨칠 수 있어야 한다. 도를 닦는 것은 현실에서 내 몸가짐을 바로 갖기 위해서다. 뜻을 세우려면 공허해서는 안 되고 구체적이고 실천적인 목표가 있어야 한다. 학문을 한다면서 독서만 느는 것은 학문을 제대로 하지 못했기 때문이다. 공부를 할수록 걸림이 없어지고 가슴이 시원스러워져야 하는데, 아집에 사로잡혀 자꾸 독해지고 못돼진다면 헛공부를 한 것이다. 학문의 보람을 세상과 담 쌓는데서 찾는것은 공부에 대한 모독이다." 〈정민, [다산어록청상], 185쪽〉

　다산 선생은 학문을 위한 학문, 학문으로 끝나는 학문을 경계했다는 것을 알 수 있다. 학문을 했다면 세상을 보는 안목이 툭 터져야 하고, 식견을 깨칠 수 있어야 한다고 주장했다. 특히 다산 선생이 경계한 것은 실제에 하나도 쓸모가 없으면서도 아집에 사로잡혀 자꾸 편협해져가고 그로 인해 독해져 가는 것을 경계했다.

　세상을 잘 살기 위해 공부를 하고, 세상을 더 나은 세상으로 만들기 위해 공부를 하고, 세상에 쓸모 있는 것을 만들고, 자기 자신도 세상에 쓸모 있는 사람이 되기 위해 공부를 해야 한다는 것을 의미한다.

　다산 선생은 특히 참된 선비라면 그 공부가 반드시 나라를 다스리고 백성을 편안히 하는 일과 같은 것들이 다 해당된다고 다음과 같이 말한 적이 있다.

　"참된 선비의 학문은 나라를 다스리고 백성을 편안히 하는 일(치국안

민,治國安民), 오랑캐의 침입을 물리치는 일, 나라 살림을 넉넉하게 하는 일, 백성이 문무에 능하도록 교육하는 일 등이 두루 해당된다. 어찌 고문(古文) 구절을 따서 글이나 짓고, 벌레나 물고기 이름에 주석이나 달고, 소매 넓은 옷을 떨쳐입고서 예모만을 익히는 것이겠는가?" 〈함규진, [정약용], 179쪽, [시문집 12], '속유론'〉

다산 정약용 선생이 생각하는 참된 선비의 학문은 고문 구절을 따서 글이나 짓고, 벌레나 물고기 이름에 주석이나 다는 그런 것이 아니었다. 실제로 나라를 다스리고 백성을 편안히 하고 외적의 침입을 막고, 나라 살림을 넉넉하게 하고, 백성이 문무에 능하도록 교육하는 일 등을 모두 참된 선비의 공부라고 그는 말하고 있는 것이다.

공부할 때 가장 먼저 해야 할 세 가지 일

다산 선생은 두 아들에게 보내는 편지를 통해 두 아들에게 공부를 할 때 가장 먼저 해야 할 세 가지 일에 대해 말한 적이 있다.

그 당시 공부하는 선비들 사이에서 발생하는 병폐 중에 하나가 눈으로 사물을 관찰하지 않고, 마음으로 사물을 관찰한다는 뜻의 '반관(反觀)'을 명분삼아 겉모양을 닦고 꾸미는 일을 거짓과 위선이라고 하여, 방자하게 움직이는 젊은 선비들이 몸가짐과 행동, 심지어 예절까지 멋대로 하는 것이었다.

다산 선생은 이러한 생각을 가지고 있던 중에 두 아들을 만난 적이 있었는데 도무지 몸가짐이 단정하고 행동이 엄숙한 모습을 눈을 씻고 보아도 찾아보기 어려웠음을 밝히면서, 행동을 삼가고, 겉모양을 바로 잡는 것이 중요하다는 사실에 대해 편지를 쓰기도 했던 것이다.

"옛 성인이 다른 사람을 가르칠 때 '먼저 겉모양에서부터 바로잡아 나가야 마음을 안정시킬 수 있다'고 한 것을 깨우치지 못했기 때문이다. 비스듬히 눕거나 삐딱하게 서서 목청껏 소리 내어 지껄이며 이리저리 시선을 주는 사람치고 공경을 위주로 마음을 보존한 자가 없었다." 〈정약용, [다산시문집],' 두 아들에게 보냄', 고전연구회 사암, [조선의 선비 서재에 들다], 197쪽〉

한 마디로 공부를 하는 선비라면, 무엇보다도 행동과 몸가짐부터 바로잡아야 한다고 그는 말하고 있다. 물론 자기 자신도 지난날을 돌이켜보면 이러한 병폐에 심하게 젖어 있었다는 사실을 고백하기도 한다. 그래서 더더욱 공부를 하는 사람들이 공부를 할 때 가장 먼저 해야 할 세 가지 일로 그는 용모를 단정히 하는 것과 말을 하는 것, 그리고 안색을 올바르게 하는 것이라고 두 아들에게 말했던 것이다.

"이렇게 살펴본다면, 학문을 닦을 때 가장 먼저 해야 할 일은 '용모를 움직이는 것', '말을 하는 것', '안색을 올바르게 하는 것'이라고 할 수 있다.

진실로 이 세 가지에 힘을 쏟지 않는다면 제 아무리 하늘의 이치를 꿰뚫어 보는 재주와 남보다 탁월한 식견을 갖추고 있다고 해도, 자기 한 몸 지탱하기도 힘들 것이다. 그러한 폐단으로 말미암아 함부로 말하고 제멋대로 행동해 세상을 훔치는 도적이 되고, 큰 악을 저지르며, 이단과 잡술을 일삼게 된다." 〈정약용, [다산시문집], '두 아들에게 보냄', 고전연구회

사암, [조선의 선비 서재에 들다], 197쪽〉

바로 이런 이유에서 다산 선생은 스스로를 경계하기 위해서, 자신의 서재의 이름을 '삼사三斯'라 이름을 붙였던 것이다. 삼사라는 의미는 '난폭하고 태만함을 멀리 하는 것', '비루하고 천박함을 멀리하는 것', '진실을 가깝게 하는 것'이라는 세 가지를 의미한다.

결론은 다산 선생이 공부할 때 가장 먼저 해야 할 세 가지 일로 언급한 것을 정리하면 이것이다.

첫째. 용모를 단정하게 하는 것.
둘째. 엄숙하게 말을 하는 것.
셋째. 안색을 바르게 하고 진실 되게 하는 것.

지금 우리들도 공부를 하는 사람이라면, 반드시 몸가짐을 허투루 해서는 안 될 것 같다. 몸가짐에 따라 우리의 마음이 달라지고, 우리의 마음에 따라 몸가짐도 또한 달라질 수 있기 때문일 것이다.

독서에도 방법이 있다

다산 선생의 놀라운 학문적 성취의 비결은 결국 훌륭한 독서 방법에 있다고 말한 적이 있다. 그런데 여기에 더 놀라운 방법은 다산 선생은 새해를 맞이했을 때마다 1년 동안의 공부 계획과 일정을 미리 정한 후, 어떤 책을 읽고, 어떤 책에서 가려 뽑아 적을 것인지 등과 같은 독서 계획을 미리 세워 놓고 독서를 하는 방법을 실천했던 인물이었다는 점이다.

그가 남긴 [다산시문집]에 보면 '두 아들에게 부침'이라는 두 아들에게 보내는 편지 내용이 실려 있다.

"새해가 되었구나. 사대부는 새해를 맞이하면 반드시 자신의 마음과 행동을 새롭게 하는 것을 중요하게 여긴다. 나는 어렸을 적 새해를 맞이할 때마다 반드시 1년 동안의 공부 계획과 일정을 미리 정했다. 예를 들자면 어떤 책을 읽을 것인가, 어떤 책에서 가려 뽑아 적을 것인가를 미리 계획한 다음 실천에 옮겼다. 간혹 몇 개월이 지난 후 뜻하지 않은 일이 발생해 애초 계획한 대로 실행하지 못한 경우도 있었지만, 선을 좋아하고 더 발전하고자 하는 뜻은 감출 수 없었다."〈정약용, [다산시문집], '두 아들에게 부침'〉

다산 선생은 독서에도 방법이 있다고 분명하게 말한다. 베이컨도 역시 책이 지닌 특성과 성격에 따라 독서하는 방법과 접근법을 달리 해야 한다고 다음과 같이 말한 적이 있다.

"어떤 책은 맛만 볼 것이고, 어떤 책은 통째로 삼켜버릴 것이며, 또 어떤 책은 씹어서 소화시켜야 한다."

그리고 스티브 레빈도 역시 자신의 독서 기술론에 대한 책인 [지식을 경영하는 전략적 책읽기]란 책을 통해 다음과 같이 말한 적이 있다.

"처음부터 책 한 장 한 장을 공들여 읽는 것은 시간을 낭비하는 것이다. 만약 읽어야 할 책이 평생 단 한 권에 불과하다면 모든 시간을 그 한 권의 책에 걸어도 좋다. 두 권이면 두 권에, 세 권이면 세 권에 맞게 시간을 안배하면 된다. 하지만 우리가 평생 읽어야 할 책은 하루에도 주어진 시간보다 열 배나 많이 쏟아져 나오고 있다. 평생 죽어라고 책만 읽어도 다 못 읽고 죽는다. 그런 까닭에 한 작품에 필요 이상으로 많은 시간을 쏟아 붓는 건 어리석다.

　다양한 책을 놓고 조금 빠른 속도로 읽어 나가다가 궁금하거나 호기심을 자극하는 내용이 있으면 속도를 줄이고 자세히 읽으면 된다. 처음 책을 집어 들었을 때는 그 책의 깊이가 얼마나 되는지, 넓이는 얼마인지, 농도와 밀도는 어떻게 되는지 알지 못한다. 따라서 한 군데 지나치게 오래 머물러 있는 것은 좋지 못하다. 금세 지쳐서 다른 책을 붙잡는 데 방해가 되기 때문이다. 그보다는 일단 처음부터 끝까지 휙 둘러보고 나서, 한 권, 한 권 천천히 다시 음미해 보는 게 좋다. 그렇게 읽으면 다른 사람들이 간신히 한 권 집어 들고 독파하는 것보다 더 많이 읽으면서 필요한 것들을 더 많이 뽑아내게 된다."〈출처: 스티브 레빈, [지식을 경영하는 전략적 책읽기], 26~27쪽〉

　그런데 서양의 인물들, 이 두 사람은 모두 책의 특성과 성격에 기준을 두거나 자기 자신의 궁금증이나 호기심을 자극하는 내용인지 아닌지에 따라서 읽는 속도와 방법을 달리 하라고 조언해 준다. 하지만 다산 선생은 독서법을 다르게 해야 할 기준이 완전하게 다르다.

　다산 선생이 독서 방법에 차별을 두어야 한다고 제안하는 기준은 '그 책이 세상에 보탬이 되는 책인지, 백성과 나라에 보탬이 되는 책인가'라는 것이다. 그는 실제로 독서 방법에 대해 이렇게 말한 적이 있다.

　"독서는 모두 방법이 있다. 세상에 보탬이 안 되는 책을 읽을 때는 구름 가고 물 흐르듯 해도 괜찮다. 하지만 백성과 나라에 보탬이 되는 책을 읽을 때는, 단락마다 이해하고 구절마다 깊이 따져 대낮 창가에서 졸음을 쫓는 방패막이로 삼아서는 안 된다."〈정민, [다산어록청상], 126쪽,

'반곡 정공의 난중일기에 제함' 6~20쪽〉

 다산 선생은 책에 따라 대충 보아 넘겨도 되는 책이 있다고 한다. 그런 책은 세상이나 백성과 나라에 보탬이 되지 않는 책이다. 하지만 세상에 보탬이 되는 책은 절대로 구름 가고 물 흐르듯 대하면 안된다고 말한다.

 모든 책이 다 똑같은 가치를 가지고 있는 것은 아니라는 것이다. 하지만 그렇다고 해서 한 두 권의 위대한 양서에 매몰되지 말고 다양한 책들을 읽어야 한다고 주장한다.

 밑줄을 긋고, 메모를 해가며 새겨 읽어야 할 책들이 바로 세상과 나라와 백성에 보탬이 되는 책들이라는 것이다. 그리고 그가 제안하는 독서법 중에 하나는 너무 한 권에 매몰되지 말라는 것이다. 즉 다양한 책들을 읽고, 수시로 메모를 하고 기록하는 독서법을 강조했다.

 "한 사람이 말을 만들어 유혹하기를, '통감'한 부만 독파한다면 아이들이 반드시 문리를 얻는다고 한다. 아아! 진실로 이 한 부의 책을 읽는 노력으로 육경의 여러 책을 읽어 서로 견주어 본다면 그 문리를 또 어찌 말로 다 할 수 있겠는가! 소를 탄 자가 온종일 채찍질을 해서 간신히 들판을 지나고는 흐뭇해하며 기뻐하기를 '길 가는 데는 소만 한 것이 없어!' 하는 격이다. 빠른 준마를 타거나 날랜 말을 멍에 지워 갔더라면 벌써 아득히 먼 창오나 현포에 이르렀을 것이니, 어찌 이다지도 어리석은가!"
〈통감절요에 대한 평〉, 9-150, 정민 [다산어록청상], 128쪽 참조〉

 그는 [시경], [서경], [주역], [예기], [좌전], [국어], [한서], [사기], [논어], [맹자], [장자], [이소]를 다달이 바꿔 읽고 철마다 섞어 읽어야 한다고 말하기도 했다. 다양한 책을 읽으면서 그가 강조한 또 다른 하나의 독서법은 기록하고 메모하라는 것이다.

깊이 생각하는 독서를 하라

다산 선생은 독서의 대가라고 해도 손색이 없을 정도로 많은 책을 읽고, 많은 책을 쓰신 학자이다. 그런 점에서 다산 선생이 몸소 실천한 독서법은 지금도 여전히 좋은 독서법이라는 생각이 든다.

다산 선생이 후손들에게 제안하는 그런 독서법은 크게 세 가지로 나눌 수 있을 것 같다. 그 중에서 세 번째가 바로 깊이 생각하여 사고력을 향상시키는 신사(愼思) 독서법이라고 할 수 있다.

신사(愼思) 독서법이란 책을 내용 위주로 암기하거나 이해만 하는 그런 지식 습득 위주의 독서법이 아니라 글을 읽을 때 깊이 생각하고 진심으로 삼가는 마음으로 책을 읽는다는 것을 의미한다. 이러한 신사(愼思) 독서법에 대해 다산 선생은 다음과 같이 말 한 적이 있다.

"책을 그냥 읽기만 하면 하루에 천 백번을 읽어도 읽지 않은 것과 마찬가지이다. 무릇 책을 읽을 때에는 한 글자를 볼 때마다 그 명의(名義)를 분명하게 알지 못하는 곳이 있으면 모름지기 널리 고찰하고 자세히 연구해서 그 근본을 터득하고 그 글의 전체를 완전히 알 수 있어야 하니, 이렇게 하는 것을 계속하여야 한다. 그렇게 하면 한 종류의 책을 읽을 때에 아울러서 수백 가지의 책을 널리 상고하게 될 것이요. 본서(本書)의 의리에 대해 분명히 파악할 수 있으니, 이 점을 반드시 알아야 한다."〈이수광, [공부에 미친 16인의 조선 선비들], 174~175쪽〉

또한 다산 선생은 독서를 할 때 깊은 사고를 통해 책의 내용을 명변(明辨)하여 책을 가려 뽑고 선별해야 한다는 것도 강조한다.

언제나 책을 읽을 때는 학문에 보탬이 될 만한 것이 있으면 뽑아 모아 선별하고, 그렇지 않은 것은 눈조차 붙이지 않아야 한다는 것이다. 그리고 그렇게 하기 위해서는 독서를 통한 깊은 사고력이 먼저 필요하다고 할 수 있다.

이렇게 깊은 사고와 분별력을 통해 선별하고 책을 읽고 뽑아서 기록하며 책에 따라 읽는 방법을 다르게 할 때 다산 선생은 백 권의 책이라도 열흘의 공부로 다 할 수 있다는 것을 강조했던 것이다.

"언제나 책 한 권을 읽을 때에는 학문에 보탬이 될 만한 대목이 있으면 뽑아 모으고, 그렇지 않은 것은 눈을 붙이지 말아야 한다. 이렇게 한다면 비록 백 권의 책이라도 열흘의 공부면 충분할 것이다."〈이수광, [공부에 미친 16인의 조선 선비들], 178쪽〉

다산 선생이 지금까지 말한 것들을 중심으로 그의 독서법을 정리하면 이렇다.

1. 독서 계획을 세우고, 책에 따라 읽는 방법을 달리 하라.
2. 메모하고 기록하는 독서를 하라. 즉 손을 움직이는 독서를 하라.
3. 깊이 생각하는 독서를 하라. 즉 뇌를 움직이는 독서를 하라.

연암 박지원(燕巖 朴趾源) / 1737~1805년

"학문하는 길에는 방법이 따로 없다."
"선비가 하루 독서(공부)하지 않으면 면목이 곱지 못하고 언어가 곱지 못하고, 갈팡질팡 하여 몸을 의지할 데가 없어지고 두려워져 마음을 둘 데가 없어진다."
"독서를 하면서 써먹을 것을 구하는 것은 모두 사심에서 비롯된 것인데, 해 마칠 때까지 독서를 해도 학문에 진보가 없는 것은 사의(私意)가 그것을 해치기 때문이다." 〈[연암집]의 〈원사(原士)〉
"선비가 독서(공부)를 하면 그 은택이 천하에 미치고, 그 공덕이 만세(萬世)까지 전해진다."

◆ 연암 박지원 ◆
공부에는 왕도가 따로 없다

하루 공부하지 않으면 얼굴빛이 달라진다

유명한 [열하일기]의 저자인 연암 박지원은 과연 어떤 선비였을까? 그리고 그는 어떤 공부를 했고, 공부에 대해 어떤 생각과 어떤 공부의 모습을 보여주었던 선비였을까?

그는 안의현감, 면천군수 등을 지내고, 양양부사로 승진도 하지만 곧바로 다음해 벼슬에서 물러났던 그런 학자였다. 하지만 홍대용, 이덕무, 박제가, 유득공, 이서구 등과 평생 깊은 교유를 맺으며 살았던 인물이었고, 무엇보다 그 시대의 잘못된 고정관념들을 타파하기 위해 노력했던 개혁가였고, 탁월한 작가라고 할 수 있다.

그의 중년 이후에는 세상의 구속을 벗어나 은거하는 삶의 모습, 세속에 초탈한 모습이 오히려 세상의 부귀영화보다는 공부 그 자체를 더 중요시 여겼던 선비라는 이미지를 강하게 느끼게 해 주는 듯하다. 그에게 있어서 공부란 무엇이며 그 자세와 모습은 어떠해야 하는 것일까? [연암집]의 〈원사(原士)〉를 통해 선비의 자세와 모습을 살펴볼 수 있다.

"선비가 하루를 독서(공부)하지 않으면 면목이 곱지 못하고 언어가 곱지 못하고, 갈팡지팡 하여 몸을 의지할 데가 없어지고 두려워져 마음을 둘 데가 없어진다. 장기, 바둑, 음주가 애당초 어찌 즐거울 수 있겠는가. 복장을 단정히 하고 불을 켜고 정숙하게 앉아 공경스럽게 책상을 대하고, 처음 대하는 책을 볼 때는 묵묵하고 깊이 있게 완미하라. 몇 줄 안 되는 짧은 구절은 한꺼번에 묶어서 보고, 깊이 자구(字句)의 뜻을 연구하고, 풀이한 것을 자세히 살필 것이며, 같은 점과 다른 점을 분별하여 음과 뜻을 밝히고, 마음을 평안히 하고 생각을 부드럽게 해서 천착하거나 비약하지 말아야 한다. 또한 잘 모르는 대목이 있거든 반복해서 볼 것이지 그냥 넘어 가서는 안 된다." 〈[연암집]의 〈원사(原士)〉〉

연암 박지원의 공부의 세계를 알기 위해서는 가장 먼저 그의 삶을 간단하게 알아야 할 것 같다. 그는 우리가 알고 있는 평범한 조선시대의 선비가 아니었다. 다시 말해 우리 시대에나 있을 법한 베스트셀러 작가와 같은 삶을 살았던 독특한 삶을 살았던 선비이기 때문이다.

조선 최고의 베스트셀러 작가

한 마디로 그는 조선 최고의 베스트셀러 작가라고 할 수 있다. 다산 선생이 실학을 학문으로 집대성한 것으로 평가하자면, 그는 실학으로 조선의 문학을 새롭게 창조해 낸 혁신가였던 것이다. 그리고 그러한 혁신적인 글쓰기가 가능했던 이유 중에 하나는 그가 있는 그대로의 현실을 직시할 수 있었던 현실주의자였기 때문이라고 필자는 생각한다.

"그는 또한 글쓰기의 방식을 혁신함으로써 선입견과 편견, 진부한 언어와 상투적 사고를 넘어서서 있는 그대로의 현실, 사물의 있는 그대로의 모습을 직시하고자 하였다. 이 점에서 그는 그 누구보다도 언어에 대한 깊은 성찰을 보여준다. 요컨대 언어를 쇄신함으로써 언어와 사물 사이의 거리를 좁혀야 한다는 것이 그가 도달한 생각의 골자다. 그는 사물 그 자체야말로 가장 참신한 언어라고 생각하였다. 그러므로 언어는 끊임없이 사물에 수렴해가고, 사물을 통해 자신을 쇄신하지 않으면 안된다고 보았다. 이러한 언어의식은 그의 현실주의적 사고와 깊은 연관을 맺고 있다."〈박희병, [선인들의 공부법], 168쪽〉

그의 삶의 단면을 잘 알 수 있는 대목을 [조선의 글쟁이들]이라는 책을 통해 쉽게 알 수 있었다.

"실제, 연암은 과거에 연연하지 않았다. 과거에 낙방한 후 아예 과거를 접고 글쓰기에 몰두하기도 했다. 당연히 입신에도 관심이 없었다. 그는 1755년 19세 때부터 글쓰기에 두각을 보이기 시작했다. 그가 처음으로 과거에 응시한 때가 29세였으므로, 이미 그 이전에 〈마장전〉〈광문자전〉, 〈예덕선생전〉, 〈민옹전〉, 〈양반전〉, 〈김신선전〉, 〈우상전〉과 원문이 전하지 않는 〈봉학사대전〉, 〈역학대도전〉을 포함한 구전(九傳)의 작품을 썼다."〈문효, [조선의 글쟁이들], 17~18쪽〉

그가 남긴 〈열하일기〉와 그의 소설들은 양을 풍자하고 기존 체제를 부정하는 그의 사상과 철학이 담겨 있다고 할 수 있다.

"김종직이 선비는 잡학을 배워서는 안 된다고 주장한 이래 유학을 오히려 잡학이라고 폄하한 인물은 정약용이 처음이었다. 박지원은 노론의 가문이면서도 정조대에 남인들에 의해 들불처럼 일어난 실학운동을 전개하여 많은 관심을 끌었다. 그가 남긴 [열하일기]는 단순한 기행문이 아니라 그의 사상과 철학을 담고 있다. 당대 명문가의 적자이면서도 서자들인 이덕무, 박제가, 유득공 등과 평생 지기처럼 지내면서 북학에 많은 관심을 기울였다. 그가 남긴 소설들은 양반을 노골적으로 풍자하는 등 기존 체제를 부정하고 변혁해야 한다는 입장을 취했다."〈이수광, [공부에 미친 16인의 조선 선비들], 207~209쪽〉

이러한 그의 글쓰기에는 결국 그가 생각했던 공부의 요체, 즉 실학에 대한 정신이 담겨 있었다고 할 수 있다. 즉 그가 생각했던 참된 공부는 바로 실용이었던 것이다.

그의 공부와 글쓰기의 핵심은 '법고창신'이다

연암 선생의 공부와 글쓰기의 핵심 원리는 동일하다. 바로 '옛 것을 배워 새 것을 창조하는 것'이다. 21세기는 창조의 시대이다. 그런데 조선시대에 벌써 연암 선생은 창조의 대가였던 것이다.

그것도 공부를 통해 실학을 강조한 것에 머물지 않고, 창조적 글쓰기를 통해 새로운 사상과 혁신을 창조하고 개발해 내었던 인물이다. 이런 점에서 연암의 공부는 '이 시대 사람들이 배워야 할 공부가 아닐까!'라는 생각을 하게 된다.

"그는 또한 글쓰기의 핵심적 원리로서 '법고창신(法古創新)', 즉 옛것을 배워 새 것을 창조한다는 명제를 제기하였다. 이 명제는 학문에도 그대로 적용된다." 〈박희병, [선인들의 공부법], 169쪽〉

그래서 연암 선생은 옛 것을 본받으려고만 하면 그것의 틀 속에 갇히게 되고, 새것을 창조만 하려는 자는 그 어떤 원칙이 없게 되는 것을 걱정했다. 그 결과 옛 것을 본받되 그것을 변형하여 새 것을 만들어 나갈 수 있어야 한다고 말한다. 오늘날의 글이 옛날의 글과 다른 이유가 새 것을 만들어내는 자들에게는 옛 것을 배우고 본받으려고 하지 않기 때문에 법도가 없기 때문이라는 것이다.

"옛 것을 본받으려는 자는 옛날의 자취에 구애되는 병폐가 있고, 새 것을 만들어내는 자는 법도가 없는 것이 폐단이다. 진실로 옛 것을 본받되 변통할 줄 알고 새 것을 만들어내되 법도가 있다면, 오늘날의 글이 옛날의 글과 같을 수 있으리라." 〈박희병, [선인들의 공부법], 169쪽〉

조선 시대의 선비들의 한 가지 병폐라고 한다면, 과거 중국의 학문을 그대로 배우고 그것의 틀 속에 자신을 가두어버렸다는 것이라고 필자는 생각한다. 그 결과 배운 것을 실생활에 이용하려고 하지 않고, 그저 지식적인 공부와 깨우침에 만족하며 살았다는 것이다. 그래서 이러한 병폐를 개선하기 위해 실학이 나온 것이다.

연암 선생은 글쓰기와 공부를 통해 이러한 병폐를 개혁했던 개혁가였던 것이다. 그의 글쓰기가 과거의 방법에서 큰 차이점을 보이는 것도 또한 그의 개혁 의지의 표현일지도 모른다. 그가 공부의 중요성은 그것의 실용에 있다고 주장한 것도 이와 같은 맥락에서 이해할 수 있을 것이다.

글쓰기는 오직 진실해야 한다

연암 박지원에게 있어서 글쓰기는 공부의 한 과정이며, 공부 그 자체였다고 할 수 있다. 그렇다면 그의 글쓰기는 과연 어떤 의미가 있는 것이며, 그가 생각하는 글쓰기의 본질은 무엇이었을까? 그에게 있어서, 글쓰기는 과연 무엇과 닮아야 하며, 무엇이 가장 중요한 것일까?

이러한 질문에 대해 잘 알 수 있는 글이 바로 〈연암집〉에 실려있는 [공작관문고 자서(孔雀館文稿 自序)]의 글이다. 이 글을 보면 박지원이 생각한 글쓰기란 한 마디로 세련되게 꾸미고 정제하는 것이 아니라 자기의 생각을 있는 그대로 표현해 내어야 하고 진실되어야 한다는 것을 가장 중요하게 생각했음을 알 수 있다.

"글이란 생각을 있는 그대로 표현해 내면 그만일 뿐이다. 제목을 놓고 붓을 잡고는 문득 옛사람이 쓴 어구를 생각해내고 억지로 고전의 지취(旨趣:오묘한 뜻)를 찾아내며, 생각을 근엄하게 꾸미고 글자마다 장중하게 만들려고 애쓴다는 것은, 비유하자면 화공을 불러 초상화를 그릴 적에 용모가 고쳐져 나오는 것과 같다.

눈동자는 구르지 않고 옷도 주름살이 잡히지 않아서 그 평상시의 모습을 상실하고 보니 아무리 훌륭한 화가라 하더라도 그 참모습을 그려낼 수는 없는 것이다. 글을 짓는 것 또한 이와 무엇이 다르랴. 말은 꼭 거창한 것만 골라 해야 맛이 아니다. 한 푼(分), 한 호(毫), 한 리(釐)만한 것도 다 말할 만한 것이다. 기와 조각 따위 같은 것이라고 해서 버릴 것인가?

그래서 도올(전설 속의 괴수로 악인을 가리킴)은 몹쓸 짐승이지만 초(楚)나라 역사는 그 이름을 가져다 썼고, 사마천이나 반고 같은 역사가도 사람을 때려 죽이는 일을 예사로 하는 흉악한 도적의 사적을 서술했던 것이다. 글을 쓰는 데에는 오직 진실해야 하는 것이다."〈연암집, [공작관문고 자서(孔雀館文稿 自序)], 정병헌 외 [우리 선비들은 왜 노래하고 글을 썼을까], 86~87쪽〉

한 마디로 글이란 잘 쓰고 못 쓰고의 문제가 아니라 진실한 것인지 아닌지가 가장 큰 문제라는 것이다. 그래서 글쓰기란 진실하여야 하기 때문에 글을 거짓으로 아니면 인위적으로 너무 많이 꾸미고 세련되게 하려다 보면 자신의 생각을 제대로 드러내기 어렵게 되거나 너무 추상적이고 어렵게 되는 것을 경계했다. 그의 글을 통해 필자가 내린 그의 글쓰기는 한 마디로 진심, 진실, 꾸밈이 없는 것이었다.

공부의 중요성은 그것의 실용에 있다

공부를 한다고 해도 그것이 실제로 이용되거나 도움을 주지 못한다면 그것은 학문이 아니라고 강조했다. 그래서 그가 실학자인 것이다.

"글을 읽고서 실용을 모를진대 그것은 학문이 아니다. 학문이 귀한 것은 그의 실용에 있으니, 부질없이 인간의 본성이니, 운명이니 하고 떠들어 대고 이(理)와 기(氣)를 가지고 승강질하면서 제 고집만 부리는 것은 학문에 유해롭다."〈문효, [조선의 글쟁이들], 26~27쪽〉

연안 박지원 선생은 도를 추구하며 이상 정치를 실현하려는 것을 궁극적인 목표로 삼는 성리학에서 벗어나 실용을 강조했던 학자이다. 그래서 그는 정약용 선생처럼 실학자라고 할 수 있다. 하지만 북학에 영향을 받아 북학파라고도 불린다는 점에서 정약용 선생과 차이를 두고 있다.

"조선의 실학은 치세의 근본이라고 믿는 성리학을 정면으로 부정하는 것이었다. 이들의 영향을 받아서 등장한 인물이 이가환, 정약용이고, 연암 박지원은 한 걸음 더 나아가 북학에 영향을 받아 북학파라고 불린다. 정약용은 성리학을 잡학이라고 부르기도 했다. 실학자나 북학파들은 박학(博學)을 중요하게 생각했으나, 조선의 성리학자들은 이를 중요하지 않게 보았고 도학에 더욱 관심을 기울였다."〈이수광, [공부에 미친 16인의 조선 선비들], 207쪽〉

이 말처럼 연암 박지원 선생은 북학이라는 새로운 분야를 개척하고 일으켰던 것이다. 그래서 연암은 '북학파'로 일컬어진다. '북학'이란 북쪽을 배우자는 것을 의미한다.

이 당시의 북쪽은 오랑캐인 만주족이 세운 나라인 청을 의미한다. 그래서 오랑캐라도 배울 것이 있으면 배워서 우리도 부강한 나라가 되자는 것이 연암의 지론이었던 것이다.

그가 박제가가 지은 〈북학의〉의 서에서 이렇게 말한 적도 있다는 것을 통해 이러한 사실을 잘 알 수 있다.

"장차 학문을 하려고 하면 중국을 배우지 않고 어떻게 할 것인가? 그러나 사람들은 말하기를 '지금 중국을 지배하는 자들은 오랑캐이니 그것을 배우기가 부끄럽다.'라 하면서 중국의 옛 제도까지 아울러 더럽게 여긴다. … 법이 좋고 제도가 아름다우면 아무리 오랑캐라 할지라도 떳떳하게 스승으로 삼아야 한다. 하물며 그 규모의 크고 넓음과 마음가짐의 정하고 치밀함과 모든 제작의 크고 원대한 것과 문장의 빛남이 아직도 삼대 이래로 한.당.송.명의 옛 법이 남아 있음에랴."〈[북학의], 序, 송재소 외, [박지원, 박제가, 새로운 길을 찾다], 7쪽〉

바로 이런 사상에서 이용후생학이 나오게 되었던 것이다. 그가 생각하는 공부란 모름지기 이용후생(利用厚生)인 것이었다. 이런 사실에 대해 잘 정리해 놓은 글을 살펴보자.

"그는 학문이란 모름지기 이용후생(利用厚生), 즉 백성의 생활도구를 편리하게 하여 그 삶을 윤택하게 하는 데 목적이 있다고 생각하였다. 선비의 직분은 바로 이 이용후생의 학문을 수행하여 백성들에게 이바지하는 것이라고 보았다. 이는 선비의 직분에 대한 양심적 각성에 다름아니다."〈박희병, [선인들의 공부법], 168쪽〉

허생전으로 국가경제의 취약성을 고발하다

연암 박지원은 다른 선비들이 오랑캐라고 업신여기고 있던 청나라가 더 이상 그렇게 업신여겨야 할 만한 그런 미개한 나라가 아니라는 사실을 발견했다. 즉 청나라의 문물이 오랑캐의 문물이 아니라 문명의 나라라는 것을 발견하고, 그것을 배워야 한다는 것을 직시했던 것이다.

그가 청나라의 조그마한 마을인 책문(柵門)이라는 곳에 도착했을 때 받은 느낌을 기록한 글을 보면 이러한 사실을 잘 알 수 있다.

"물건들의 배치를 두루 살펴보니 모든 것이 단정하고 바르게 정돈되어 있어서 한 가지도 구차하게 미봉하는 법이 없고, 한 물건도 난잡하게 버려둔 것이 없다. 비록 소 외양간, 돼지우리까지도 거칠지 않고 법도가 있으며 나무더미나 똥더미까지도 정갈하여 마치 그림과 같았다."〈[연암집] 중에서, 송재소 외, [박지원, 박제가, 새로운 길을 찾다], 10쪽〉

다시 말해, 청나라는 냄새나는 미개인들의 오랑캐의 나라가 아니라 향기로운 냄새가 나는 '문명의 숲'이었던 것이다. 그것을 빨리 배우고 나라를 부강시키고 백성을 잘 살게 해야 한다는 것이 그의 주장이었다. 그의 주장을 좀 더 살펴보자.

"아! 이러한 연후에야 비로소 쓰임을 이롭게 한다고 말할 수 있겠다. 쓰임을 이롭게 한 연후에 삶을 넉넉하게 할 수 있고, 삶을 넉넉하게 한 후에야 덕을 바르게 할 수 있을 것이다. 쓰임을 이롭게 하지 못하고서 삶을 넉넉하게 하기는 어려운 것이나, 삶이 넉넉하지 못하고서야 어찌 덕을 바르게 할 수 있겠는가!"〈[연암집] 중에서, 송재소 외, [박지원, 박제가, 새로운 길을 찾다], 11쪽〉

연암 박지원의 이러한 사상이 표출된 다른 경로 중에 하나가 바로 소설이었다. 그는 〈허생전〉을 통해 수레를 사용하지 않음으로 인한 국가경제의 취약성을 지적하기도 했다.

〈허생전〉에 보면 허생이 변씨로부터 빌린 돈으로 나라 안의 물건들을 매점해서 되파는 장사로 거금을 모으는데, 그 비결이 바로 수레가 나라 안에 다니질 못하기 때문에 한 물건을 독점하여 되팔면 큰 이익을 얻을 수 있다는 점을 이용했던 것이다.

"5년 동안에 어떻게 만 냥으로 백만 냥의 돈을 벌었느냐?"

"그야 가장 알기 쉬운 일이지요. 조선이란 나라는 배가 외국에 통하질 않고, 수레가 나라 안에 다니질 못해서 온갖 물화가 제자리에 나서 제자리에서 사라지지요. (…) 대개 만 냥을 가지면 족히 한 가지 물종을 독점할 수 있는 고로 수레면 수레 전부, 배면 배를 전부, 한 고을이면 한 고을을 전부 마치 총총한 그물로 훑어내듯 할 수 있지요. 뭍에서 나는 만 가지 중에 슬그머니 하나를 독점하고, 의원의 만 가지 약재 중에 슬그머니 하나를 독점하면, 한 가지 물종이 한곳에 묶여있는 동안 모든 장사치들이 고갈됩니다." 〈[허생전] 중에서, 송재소 외, [박지원, 박제가, 새로운 길을 찾다], 15쪽〉

여기에 보면, 허생의 말을 통해 조선의 유통구조의 취약성을 질타했다. '배가 외국에 통하질 않고, 수레가 나라 안에 다니질 못해 온갖 물화가 제자리에 나서 제자리에서 사라진다'라는 그런 유통 구조의 취약성을 이용해 돈을 번 사람이 바로 자신이라는 것을 밝혔기 때문이다.

그리고 여기에 그치는 것이 아니라 허생은 자신의 상술을 밝힌 후에 '이것은 백성을 해치는 길이 될 것'이고, '후세에 당국자들이 만약 나의 이 방법을 쓴다면 반드시 나라를 병들게 만들 것'이라고 경고하기도 했다. 즉 허생이 아니더라도 누구라도 쉽게 돈 몇 푼으로 나라 경제를 마비시킬수 있을 정도로 허약한 유통구조를 가진 조선의 경제 구조를 시급히 개선해야 한다는 것이다.

은택이 천하에 미치는 공부를 하라

연암 선생은 선비의 공부에 대해서 매우 의미심장한 말을 남겼다.

"선비가 독서(공부)를 하면 그 은택이 천하에 미치고, 그 공덕이 만세

(萬世)에까지 전해진다."〈[연암집] 중에서, 박희병, [선인들의 공부법], 177쪽〉

필자는 이 말을 다른 각도에서 이렇게 해석하고 싶다. 선비가 공부를 하는 것은 결국 그 은택이 천하에 미칠 수 있게 하기 위해 공부를 해야 한다고 말이다.

"독서를 하면서 써먹을 것을 구하는 것은 모두 사심에서 비롯된 것인데, 해 마칠 때까지 독서를 해도 학문에 진보가 없는 것은 사의(私意)가 그것을 해치기 때문이다."

[연암집]의 〈원사(原士)〉에 나오는 이 말을 얼핏 보면 오해의 소지가 있다. 하지만 자세히 보면 선비가 독서를 하는 것은 자기 자신의 이익을 위해서 하기 보다는 온 천하에 은택이 미치도록 해야 한다는 의미와 일맥 상통한다고 필자는 생각한다.

현대인들은 독서를 해도 재테크를 위해서 하거나, 성공과 출세를 위해서 자기 자신의 경쟁력을 높이기 위해서 많이 한다. 하지만 연암 선생은 자기 자신의 이익을 위한 공부보다는 천하에 은택이 미치고 공덕이 만세에까지 전해지는 공부를 하라고 말한다.

그런데 은택이 천하에 미치는 공부를 하기 위해서는 어떻게 해야 할까? 이러한 질문에 대해 어느 정도 해답이 될 만한 이야기를 연암 선생이 한 적이 있다. 그것은 자기 자신을 잊어야 무엇을 하더라도 경지에 이를 수 있다는 말이었다.

공부 역시 자기 자신을 잊고 공부에 매진할 때 결국 일가를 이루고, 그 은택이 천하에 미치게 되는 것이라고 필자는 생각한다. [연암집]에 보면,

연암 선생이 말하는 자기 자신을 잊고 무엇인가를 몰두하는 사람들의 이야기가 나온다.

"비록 조그만 기예라 할지라도 자기 자신을 잊은 후에라야 경지에 이를 수 있거늘, 큰 도야 말해 무엇하겠는가. 최흥효(세종 때의 문신)는 온 나라에서 알아주는 명필이었다. 그가 과거를 보러 갔을 적 이야기다. 답안을 작성하던 중 마침 한 글자가 왕희지(중국의 서예가)의 필체와 같게 되자 그는 하루 종일 그 글자를 들여다보고 앉았다가 차마 답안지를 바치지 못해 품에 품고 돌아왔다. 최흥효는 가히 이익과 손해 따위는 마음에 두지 않았다 할 만하다.

이징(인조 때의 화가)이 어렸을 때 누대에 올라 그림 공부를 하고 있었는데 집에서는 그를 찾느라 야단이었다. 밤이 새고 결국 3일 만에 찾게 되자 그 부친은 화가 나서 회초리로 때렸는데 이징은 울면서 떨어지는 눈물로 새를 그리고 있었다. 이징은 참으로 그림 그리는 데에 있어 영욕을 잊었다 할 만하다.

학산수는 일국의 명창이었다. 산 속에 들어가 노래를 공부할 적에 한 곡조를 부르면 신발에다 모래 한 알씩을 던져 넣어 신발에 모래가 꽉 차야 집으로 돌아오곤 하였다. 한번은 산에서 도적을 만났는데 도적들이 그를 죽이려 하자 불어오는 바람을 향해 노래를 불렀는데 도적들은 그 노래에 마음이 움직여 울지 않는 자가 없었다. 학산수는 이른바 생사를 마음에 두지 않았던 사람이라 할 만하다."〈[연암집] 중에서, 박희병, [선인들의 공부법], 172쪽〉

무엇을 하더라도, 생사를 마음에 두지 않고, 영욕을 잊을 수 있고, 이익과 손해 따위를 마음에 두지 않게 되면, 일가를 이루고 대가가 될 수 있다고 필자는 생각한다. 공부를 하는 사람이라면 또한 이익과 손해 따위를 너무 마음에 두지 말아야 할 것이다. 그것이 은택이 천하에 미치게 하는 공부를 하는 길이기 때문이다.

식견이 좁은 자는 모든 것을 부정한다

연암 선생은 청나라에 가서 선진문명을 직접 눈으로 보고 배웠던 학자였다. 하지만 조선에만 머물렀던 학자들 중에는 자신이 보고 배운 것이 적어서 자신이 한 번도 들은 적이 없는 것에 대해서는 의심부터 하고, 부정하고자 하는 사람들이 적지 않았을 것이다. 이런 사람들에 대해 연암은 이렇게 말하기도 했다.

"이치를 깨달은 선비에게는 괴이하게 여겨지는 게 없지만, 속인에게는 의심스러운 것이 많다. 이른바 '본 것이 적으면 괴이하게 여겨지는 것이 많다.'라는 말은 이를 두고 한 말이다.

본 것이 적은 자는, 자기가 백로만 보았을 경우 자기가 처음 보는 까마귀를 비웃으며, 자기가 오리만 보았을 경우, 자기가 처음 보는 학의 자태를 위태롭게 여긴다. 사물 스스로는 아무런 괴이함이 없건만 자기 혼자 화를 내며, 하나라도 자기가 본 것과 다른 사물이 있으면 만물을 다 부정한다." 〈[연암집] 중에서, 박희병, [선인들의 공부법], 170쪽〉

우리가 많은 책을 읽고, 공부를 폭 넓게 해야 하는 이유 중에 하나가 바로 이것이다. 자신의 좁은 식견을 넓혀야 하는 것이다. 그렇지 않으면 자신의 좁은 경험과 식견에 갇혀서 다른 사람들과 세상을 부정하게 되는 실수를 범하게 된다.

필자가 모 일간지에 인터뷰를 한 적이 있다. 그래서 그 기사가 실렸는데, 기사 내용에 경악하는 사람들이 적지 않았다. 왜냐하면 '1년 동안 책을 18종 출간하고, 1년 동안 40종의 계약을 했고, 일주일 만에 한 권의 책도 쓸 수 있는 남자'라는 식으로 기사가 나갔기 때문이다. 물론 이 기사는 거짓말이 아니다. 현실 세계에서 충분히 가능한 일이다.

그런데 어떤 사람들은 경이로운 성과에 감탄을 하지만, 어떤 사람들은 '이게 정말 가능한 일인가?'라고 의심을 한다. 이렇게 의심을 하는 사람들은 연암 선생이 청나라에 가서 새로운 선진문명을 배우고 와서 전파할 때, 의심을 했던 사람들과 마찬가지로 자신이 경험이 적고 자신이 우물 안 개구리에 불과한 사람이라는 것을 만천하에 공개해 버리는 것과 다를 바 없다는 것이다.

일본에는 일주일에 책을 한 권씩 출간하는 작가도 있다. 그래서 지금 900권 정도의 책을 출간한 작가가 존재한다. 그런 사람에 비하면 필자는 아무것도 아니다. 그런데도 필자가 1년에 18종의 책을 출간했다는 사실을 의심하는 사람들이 있다. 물론 5년이 지난 지금 80권의 책을 출간했지만 말이다.

'만 권의 책을 읽고, 만 리를 다니면서 여행을 해야 세상의 일을 알 수 있다'라는 말이 있는 이유가 바로 여기에 있다. 공부를 해야 하는 이유도 바로 여기에 있다. 자신의 식견을 넓혀야 세상을 바로 볼 수 있기 때문일 것이다.

담헌 홍대용(潭軒 洪大容) / 1731~1783년

"옥도 다듬지 않을 수 없고, 재목도 깎지 않을 수 없으며, 사람도 배우지 않을 수 없는 것이다. 사람으로서 배울 줄 모른다면 지혜롭다고 할 수 없다."

"안자(晏子)와 맹자의 자질도 배우고 닦지 않으면 범부, 천졸에서 벗어나지 않을 것이다."

"사람으로서 배울 줄 모른다면 지혜롭다고 할 수 있겠으며, 알면서도 행하지 못한다면 의롭다 할 수 있겠으며, 할 줄 알면서도 힘껏 하지 않는다면 용기가 있다고 할 수 있겠는가?"

"요즘 공부하는 이들은 입만 열면 성선(性善)을 말하고 말만 하면 반드시 정자와 주자를 일컫지만, 똑똑한 사람은 훈고(訓詁)에 빠지고, 어리석은 사람은 명예와 이욕에 골몰한다."

◆ 담헌 홍대용 ◆
배우고 닦지 않으면 발전이 없다

사람도 배우지 않을 수 없는 것이다

담헌 홍대용은 북학파의 주자였다. 하지만 그는 개혁가의 면모를 보여준 행동파 학자이기도 했다. 그는 균전제, 부병제를 토대로 경제 정책의 개혁과 과거제도 폐지, 공거제(貢擧制)실시, 신분 차별 없이 8세 이상의 모든 아동의 의무 교육 등을 개혁과 실시를 제창한 인물이기 때문이다.

이러한 담헌 홍대용에게 공부란 어떤 의미였을까? 그리고 공부하는 그의 자세는 어떤 모습이었을까? 조선 시대의 선비들은 과연 무엇을 위해 공부에 목숨을 걸었던 것일까?

다행히 담헌 홍대용은 공부에 대해 많은 이야기를 남긴 인물이다. 그가 친구의 이른 죽음을 애도하며 쓴 글에 보면 그의 공부에 대한 생각이 오롯이 담겨 있음을 알 수 있다.

"아아, 곤륜산의 옥도 갈고 다듬지 않으면 기와 조각과 같고, 예장(豫章)의 좋은 재목도 깎고 다듬지 않으면 가시나무와 같다. 안자(晏子)와 맹자의 자질도 배우고 닦지 않으면 범부, 천졸(賤卒)에서 벗어나지 않을 것이다. 그러므로 옥도 다듬지 않을 수 없고, 재목도 깎지 않을 수 없으며, 사람도 배우지 않을 수 없는 것이다. 사람으로서 배울 줄 모른다면 지혜롭다고 할 수 있겠으며, 알면서도 행하지 못한다면 의롭다 할 수 있겠으며, 할 줄 알면서도 힘껏 하지 않는다면 용기가 있다고 할 수 있겠는가?" 〈김건우, [옛사람 59인의 공부 산책], 140쪽〉

담헌 홍대용에게 있어서 공부는 자신을 갈고 다듬는 가장 좋은 도구였던 것이다. 옥이 옥의 가치를 다하고 재목도 재목의 가치를 다하기 위해 다듬고 깎아야 하듯, 사람도 사람의 가치와 구실을 다하기 위해서는 결국 공부라는 것이다.

그래서 그의 공부 방법은 규율이 있고 엄격할 수밖에 없는 것이다. 그의 '자경설(自警說)'에 보면 공부하는 자세에 대한 내용이 나온다.

"정숙하게 앉는 것은 공부할 때 가장 중요한 것이다. 반드시 옷을 깨끗이 입고 자세를 엄숙히 한 다음 눈을 감고- 선가(禪家)에서 눈감는 것을 가장 꺼려하는 것은 아마 정신이 혼미해지면 졸음이 올까 염려를 한 모양인데, 또한 의미가 있는 듯하다. - 코끝을 내려다 보면서 망령스럽게 움직이지 않는 것도 좋은 방법이다. 두 손을 모으고 사당에 있을 때처럼, 엄한 아버지를 대할 때처럼 한다면 고요하되 마음이 혼미하지 않을 것이다. 마음이 움직일 때에는 그 생각이 어떠한가를 살펴서 알맞지 않으면 막아 버리고, 알맞으면 따라 행하되 그 도를 이미 다했다면 예전처럼 고요할 것이다."〈김건우, [옛사람 59인의 공부 산책], 141쪽〉

이처럼 담헌 홍대용 선생은 스스로 깨우치는 말인 자경설(自警設)을 지어 자신을 경계하면서 공부에 전념했던 인물이었다.

구구단을 조선에 소개한 학자

담헌 선생은 연경에서 중국인 학자들과 만나서 밤을 새우면서 토론하고, 중국과 서양의 과학과 풍속을 배우고 공부했다.

그래서 그는 조선에 돌아오자마자 [주해수용(籌解需用)]이라는 수학책을 집필했다. 그런데 이 수학책을 보면 놀라지 않을 수 없다. 그것은 담헌 홍대용 선생이 이 때 집필한 수학책이 오늘 날의 수학책과 별반 다르지 않기 때문이다.

이 책에는 현대의 구구단과 조금도 다르지 않는 구구단이 소개되어 있고, 단순히 나열만 하는 것이 아니라 그것을 응용하여 현대의 수학 문제처럼 질문하고 대답하는 그런 문답법도 소개되어 있다는 것이다.

이 뿐만 아니라 이 책에는 원주율을 구하는 방식까지 소개 되어 있다. 한 마디로 오늘날의 수학책이라고 해도 전혀 손색이 없을 정도로 수학 전반에 걸친 내용들이 소개되어 있는 책이었던 것이다.

"9x9=81, 8x9=72, 7x9=63, 6x9=54, 5x9=45, 4x9=36, 3x9=27, 2x9=18, 1x9=9　九九八十一. 八九七十二. 七九六十三. 六九五十四. 五九四十五. 四九三十六. 三九二十七. 二九十八. 一九九. 홍대용이 기록한 구구수(九九數)를 살피면, 오늘날의 구구단과 조금도 다르지 않다. 다만 아라비아 숫자로 표기되지 않았을 뿐이다. 홍대용은 구구단을 나열만 하지 않고 응용하는 방법까지 예시했다."〈이수광, [공부에 미친 16인의

조선 선비들], 194쪽〉

이처럼 그가 집필한 수학책을 보면, 오늘날 구구단을 공부할 때 쉽게 접할 수 있는 그런 식으로 쉽게 나열되어 있다는 점에서 놀라움을 금할 수 없을 것이다.

이것뿐만이 아니라 더 놀라운 점은 현대 수학책처럼 응용을 하여 질문을 하고, 그것에 대한 답을 표기한 내용도 있다는 사실이었다.

"120두를 20호에 나누어 주려고 한다. 한 집에 쌀을 얼마나 주게 되는가? 답은 6두."

이러한 내용을 순수하게 한자로 표기하여 예제와 풀이까지 기록한 수학책을 집필하여 공부하는 사람들이 스스로 혼자서 충분히 독학할 수 있게 했다는 것이다.

실학과 고학을 지향한 학자

담헌 홍대용은 실학과 고학을 지향한 학자였다. 그는 어린 시절부터 실천 중심의 실용 가능한 학문인 실학과 아래로 적용 가능한 학문인 고학에 뜻을 두었다. 그렇기 때문에 그에게 있어서 진실한 학문이란 실용, 민생, 일상에의 적용이 가능한 학문이라고 할 수 있다.

"실학과 고학이 홍대용이 어린 시절부터 뜻을 두었던 학문적 지향이었던 것이다. … 또한 고학 역시 홍대용이 학문적으로 지향하는 바였다. 이송이 지은 홍대용 묘표에 따르면 그는 과거 공부를 그만두고 고학, 육예지학에 뜻을 두었다고 한다. 그가 북경에서 사귄 중국인 친구 엄성에게 보낸 편지에서 '고학에 종사할 수 있는 사람이 드물다.'고 한탄한 데서도 그의 뜻이 역시 실학과 고학에 있었음을 알 수 있다."〈김도환, [정조와 홍대용, 생각을 겨루다], (서연문답), 301~302쪽〉

그렇다면 홍대용에게 고학은 어떤 의미였을까? 한 마디로 그에게 있어서 고학은 현실에의 적용을 의미한 것 같다.

"홍대용에게 고학이란, '옛날의 교육은 그 어릴 때부터 이미 육예를 가르쳤으므로 장성해서는 비록 위로 도를 아는 데까지 미치지는 못하더라도 아래로 적용함에 어긋나지 않았다.'라는 그의 글에서 보듯이, 단지 옛 방식으로의 회귀를 뜻하는 것이 아니라 현실에의 적용을 의미하는 것이었다. 반대로 실행, 실용이라는 것도 단순히 현실에 필요한 것을 넘어 고학으로 표현되는 유학적 이상이라는 지향을 놓지 않는 것이었다. 따라서 그에게 고학과 실학은 통일되어 있는 하나의 가치요 방법이었던 셈이다."〈김도환, [정조와 홍대용, 생각을 겨루다], (서연문답), 302쪽〉

그는 또한 조선 후기의 문신이자 학자인 성대중(成大中)의 사상에 영향을 받았다. 그래서 그는 한 번도 실제로 만난 적이 없었지만, 그를 존경했고, '진고고재(振古高才)'라 평가하기도 했다. 담헌 선생은 공리공론에 치우친 당시 조선 주자학을 견딜 수 없었던 것이다. 그래서 그는 진실한 마음으로 실사를 행해야 한다는 실학을 추구한 학자였던 것이다. 이러한 사실에 대해 잘 설명해 주는 대목을 살펴보자.

"그는 당신의 조선 주자학이 보여주고 있던 공리공론적 측면과 허위성을 못 견뎌 했으며, 시종일관 합리적이고 비판적인 연구 자세를 견지하였다. 또한 학문은 단순히 지식을 추구하는 것이어서는 안되고 실천으로 연결되어야 함을 역설하였다. '학문은 진실한 마음에 있고 실천은 실사(實事)에 있으니, 진실한 마음으로 실사를 행해야 한다.' 실심실사(實心實事)의 학문, 이것이 홍대용이 구상한 실학의 기본 강령이었다."〈박희병, [선인들의 공부법], 149쪽〉

행실에 구차함이 없어야 한다

담헌 홍대용 선생의 문집인 [담헌집]을 보면 [논어]에 나온 '말에는 구차함이 없어야 한다'라는 말에 대해 자신의 견해를 밝힌 적이 있다. 그가 주장하는 것은 한 마디로 말에 구차함이 없기 위해서는 행실에 구차함이 없어야 한다는 것이다.

공부를 하는 선비라면 이렇게 말에 구차함이 없어야 하고, 나아가 행실에 구차함이 없어야 할 것 같다. 그가 밝힌 견해를 자세히 살펴보자.

"[논어]에 이르기를 '말에는 구차함이 없어야 한다'라고 했다. 말에 구차함이 없으면 명분에도 구차함이 없으리라는 것을 알 수 있고, 행실 또한 구차하지 않을 것이다. 그러므로 [논어]에서는 명분과 행실에 대해서는 언급하지 않고, 다만 '말에는 구차함이 없어야 한다.'라고 말했던 것이다."〈[담헌집]에서, 박희병, [선인들의 공부법], 149쪽〉

행실에 구차함이 없기 위해서는 어떻게 하면 좋을까? 담헌 선생은 마땅히 해야 할 일을 하고, 죽은 뒤의 이름 따위에 마음을 두지 말라고 말한다.

"군자가 선을 행함은 내가 마땅히 해야 할 일을 하는 것일 뿐이다. 그러니 죽은 뒤의 이름 따위에 마음을 두어서는 안 된다."〈[담헌집]에서, 박희병, [선인들의 공부법], 149쪽〉

그의 말대로 무엇인가에 연연해하면 결국 그것에 갇히게 된다. 그렇게 되면 구차함이 생기고 마땅히 해야 할 일을 할 수 없게 된다.

글을 읽고 공부하는 선비라면 반드시 행실에 구차함이 없어야 하고, 그렇게 하기 위해서는 무엇인가에 마음을 두어서는 안 될 것이다.

필자가 생각하기에 공부하는 사람이라면 모름지기 이래야 할 것이라고 생각한다. 지식적인 측면에서 많은 것을 알고 있고 이해하고 있고 깨닫고 있다고 그 사람이 참된 지식인이라고 할 수 없다고 생각하는 이유가 여기에 있다. 참된 지식인이라면 말과 행실에 구차함이 없어야 하며, 무엇인가에 연연해하지 않아야 하고 마땅히 해야 할 일을 할 줄 아는 그런 사람이어야 한다고 생각된다.

남을 이기기 위해 공부하지 마라

담헌 선생은 선비들이 남을 이기기 위해서 말을 하거나 자신의 박식함을 자랑하기 위해 말을 하는 것을 매우 경계했다. 또한 학자들이 너무 자신의 학문과 깨달음에 대해 자신감을 가지고 있는 것에 대해서도 경계했다.

"학자의 병통 가운데 자신감이 지나친 것보다 더 나쁜 건 없다."〈[담헌집]에서, 박희병, [선인들의 공부법], 152쪽〉

자신의 학문이나 깨달음이 아무리 올바르다고 생각을 한다해도 그것이 지나치면 아무리 성인이더라도 잘못된 것이라고 말한다.

"이단을 배척한 옛 성인의 태도에도 폐단이 없다고 할 수 없다."〈[담헌집]에서, 박희병, [선인들의 공부법], 153쪽〉

담헌 선생은 무엇보다 학자라면, 남을 이기기 위해 세상에 아무 도움도 되지 않는 그런 헛된 말을 해서는 안 된다고 말한다.

"남을 이기려거나 자신의 박식함을 자랑하기 위해 세상에 아무 도움도 안 되는 헛된 말을 해서야 되겠는가."〈[담헌집]에서, 박희병, [선인들의 공부법], 153쪽〉

무엇보다 뽐내고자 하는 마음이 가장 심한 해악을 가져다 준다고 또한 그는 말한다. 그리고 뽐내는 마음의 근본은 자기 자신만을 귀하게 여기고 물(物)을 천하게 여기는 것이라고 말하기도 했다. 이러한 마음은 결국 남을 이기려고 하고 자랑하고자 하는 마음과 다를 바 없다고 생각할 수 있을 것이다. 그래서 담헌 선생은 '객기를 부려 이기기 좋아함은 학문하는 사람의 고질적 병폐.'라고 말하기도 했던 것이다. 담헌 선생은 글을 널리 읽지 못 할 까 하는 것만 걱정하는 당시의 학자들의 학문하는 모습을 심히 걱정했다. 마음을 닦는 공부는 등한시 하고 저술을 많이 못할 까 하는 것에만 치우친다는 것이다.

옛날에는 책이 없었는데도 훌륭하고 어진이가 많이 배출 되었지만 지금은 책이 너무 많기 때문에 실천이나 마음을 닦는 데 노력하지 않기 때문에 인재가 줄어들고 있다고 말하기도 했다.

"오늘날은 비록 학문을 좋아하는 사람이라 할지라도 1년 내내 부지런히 힘쓰는 건 글줄이나 찾든가 이것저것 참조하여 고증하는 일에 불과하다. 차라리 실천은 그만둘지언정 오직 글을 널리 읽지 못할까 하는 것만 걱정하고, 차라리 마음을 닦는 공부는 날로 황폐해질망정 오직 저술을 많이 못할까 하는 것만 걱정한다. 이런 까닭에 옛날의 학자는 책이 없는 것이 걱정이었고, 지금의 학자는 책이 너무 많아 걱정이다. 옛날에는 책이 없었는데도 훌륭하고 어진 이가 배출되었건만 지금은 책이 많은 데도 인재가 날로 줄어드니, 이는 혹 고금의 운세가 서로 다르기 때문일까? 실은 책이 많은 까닭에 이런 결과가 초래되었다."〈[담헌집]에서, 박희병, [선인들의 공부법], 153쪽〉

담헌 선생의 문집을 통해 그가 남긴 글들을 볼 때 필자는 한 가지 결론을 내릴 수 있었다. 그것은 바로 '남을 이기기 위해 공부하지 마라'는 가르침이었다. 그리고 이 말은 다른 말로 하면, '마음을 닦기 위한 공부를 할 것이지, 박식함을 자랑하기 위한 공부는 하지 말라'는 말일 것이다.

남을 이기기 위해 경쟁심리에서 시작된 공부는 결국 모르면서도 아는 척 하게 되고, 그로 인해 더 큰 문제가 발생할 수 있음을 담헌 선생은 또한 경고했다.

"억지로 해석하여 견강부회하는 것보다는 의문을 그대로 전하여 미상으로 놓아두는 것이 낫지 않겠는가."〈[담헌집]에서, 박희병, [선인들의 공부법], 166쪽〉

입이 아닌 마음으로 읽는 독서를 하라

담헌 홍대용 선생의 독서의 비결은 무엇이었을까? 한 마디로 그의 독서법에 대해 정리를 먼저 하자면, '책을 입으로만 읽지 말고, 마음으로 읽는 독서법'이라고 말할 수 있을 것이다.

"독서를 할 때 허세나 부리고 글을 정밀하게 보지 않는다든가, 억지로 어떤 구절을 뽑아내어 생각없이 입에서 나오는 대로 의문을 제기한다든가, 대답하는 말이 채 끝나지도 않았는데 관심을 딴 데로 돌린다든가, 한 번 묻고 한 번 대답하는 것으로 그치고 다시 생각을 하지 않는다면, 이는 더 알려고 하는 데에 뜻이 없는 자이니, 더불어 학문을 할 수 없다."〈[담헌집]에서, 박희병, [선인들의 공부법], 163쪽〉

담헌 선생은 마음이 들떠서 입으로만 읽고 마음으로 그 뜻을 헤아리지 않는 독서 습관을 질타했다. 책을 읽을 때 절대 허세를 부리기 위해 읽지 말라고 경고 한다. 그렇게 허세를 부리게 되면 글을 정밀하게 읽지 못하게 되고, 생각 없이 입으로만 책을 읽게 되기 때문이다.

"나는 일찍이 '내 마음으로 남의 뜻을 헤아려 본다'라고 한 맹자의 말을 글 읽는 비결로 삼았다. 옛 사람이 쓴 글은, 비단 대의나 공리적(功利的)인 면에 있어서만이 아니라 서두, 결말, 전체적 구성과 같은 말단적인 기법에 있어서조차 작자의 뜻을 담고 있다. 그러므로 내 마음으로 옛 사람의 뜻을 헤아려 서로 융합하여 간격이 없고 형해(形骸)를 벗어나 주객(主客)이 합치되면 이는 옛 사람의 정신과 식견이 내 마음에 사무쳐 이어지는 것이다. 이는 비유컨대 굿을 할 때 신(神)이 내리면 무당은 자기가 모르던 것을 환하게 알게 되지만 그것이 어디서 유래하는지 모르는 것과 같다. 능히 이와 같이 함으로써, 과거의 해석을 그대로 따르거나 진부한 견해를 답습하지 아니하고, 온갖 변화에 자유자재로 응하면서 마음으로 깨달은 것을 행해간다면, 나 역시 옛 사람처럼 되는 것이다. 이렇게 글을 읽은 뒤에라야 비로소 오묘한 이치를 얻을 수 있을 것이다."〈[담헌집]에서, 박희병, [선인들의 공부법], 163~164쪽〉

  담헌 홍대용 선생의 독서의 비결은 바로 이것이었다. 마음으로 남의 글을 헤아려 보고, 마음으로 읽는 방법이었던 것이다. 즉 그에게 있어서 독서란 마음으로 뜻을 헤아리는 것이지, 절대 입으로만 외우거나 읽는 것이 아니었던 것이다.

  종일 글을 읽고 외운다고 해도, 그래서 스스로 만족을 얻고 지식을 얻는 다고 해도 그것은 작자의 본 뜻과 큰 간격이 있는 것 뿐만 아니라 본의에서 멀어지는 일이라고 말한다. 그래서 이러한 독서는 자신의 재주를 스스로 망치게 되는 결과를 낳게 된다고 말한다.

  "지금 사람들은 종일 글을 외우고 읽어 글에서 눈이 떨어지지 않으며, 이로써 스스로 만족해한다. 그러나 생각이 들떠 있어 입으로만 읽고 마음으로 읽지 않으니, 작자의 본뜻과 비교해 볼 때 비단 열 겹의 간격이 있는 것만이 아니다. 그러므로 어찌 도에서 더욱 멀어지지 않겠는가, 이는 천하의 재주 있는 사람들을 망치는 일이다."〈[담헌집]에서, 박희병, [선인들의 공부법], 164쪽〉

  독서를 입이 아닌 마음으로 읽는 독서를 해야 하는 이유 중에 하나는 마음으로 깨닫지 못 한다면 결국 우쭐해져서 자신을 높이게 되고, 자랑하게 되고, 남에게 보여주게 되기 때문일 것이다. 그래서 책을 많이 읽은 학자들은 우쭐하게 되고 자기를 높이게 되므로 이를 경계해야 할 것을 담헌 선생은 경계하며 강조했다.

"학자는 우쭐하여 자기를 높인다. 문학가는 글은 화려하지만 진실성이 적다. 부귀한 집안의 자제들은 교만 방탕한데 젖어 있고, 한미한 집안의 사람은 굽신거리며 순종하는 게 몸에 배어 있다. 마음이 순수한 자는 식견이 어둡고, 재주가 높은 자는 그 행실이 보잘것없다."〈[담헌집]에서, 박희병, [선인들의 공부법], 165쪽〉

우리가 독서를 할 때 입이 아닌 마음으로 해야 할 이유가 여기에 있는 것이다.

책을 읽을 때는 몸가짐을 바로 해야 한다

그가 청나라 청년인 매헌 조욱종이라는 이에게 편지로 독서하는 방법에 대해 쓴 글을 보면 마음으로 책을 읽어야 한다는 사실을 여기에서도 강조한 것을 잘 알 수 있다. 뿐만 아니라 책을 읽을 때는 너무 소리를 높이거나 몸을 흔들거나 눈을 돌리지 않아야 한다는 사실도 강조하는 것을 알 수 있다. 그런데 그 이유는 마음이 흐트러지고 정신이 달아나고, 기운이 떨어지기 때문이라는 것이다. 한 마디로 그가 강조한 독서법은 몸가짐을 바로 하여 마음과 정신이 흐트러지거나 달아나지 않고, 기운이 떨어지지 않고 보존되게 하는 그런 독서법이라는 것을 알 수 있다.

"글을 읽을 때에는 소리 높이 읽어서는 안 된다. 소리가 높으면 기운이 떨어지기 때문이다. 눈을 건성으로 돌려서는 안 된다. 눈을 돌리면 마음이 달아나기 때문이다. 몸을 흔들어서도 안 된다. 정신이 흩어지기 때문이다. 글을 암송할 때 틀려서는 안 되고, 중복해서도 안 된다. 너무 빨라서도 안 되는데 너무 빠르면 조급하고 사나워서 맛이 짧기 때문이다. 그렇다고 너무 느려도 안 되는데 너무 느리면 늘어지고 방탕해져서 생각이 들뜨기 때문이다.

　책을 볼 때에는 문장을 마음속으로 암송하면서 뜻을 곰곰이 생각하여 찾되, 주석을 참조하고 마음을 가라앉혀 궁구한다. 한갓 책에 눈을 붙이기만 하고 마음을 두지 않으면 아무 이득이 없다. 위에 말한 세 조목은 나누어 말하면 다르게 보이나, 마음을 한 곳에 집중하여 체득하기를 요구한 점에서는 같다. 모름지기 몸을 거두어 단정히 앉고, 눈은 책을 똑바로 보며, 귀는 거두어들이고, 수족은 함부로 놀리지 말며, 정신을 모아 책에 집중해야 한다. 이러한 방법을 따라 쉼 없이 해나가면 뜻과 맛이 날로 새로워져 저절로 무궁한 묘미가 생기게 된다."〈매헌에게 주는 편지〉 중에서, 출처. 안대회, [선비답게 산다는 것], 267쪽〉

　책을 읽을 때는 모름지기 몸을 거두어 단정히 앉고, 수족은 함부로 놀리지 말며, 정신을 모아 책에 집중하여 책을 읽어야 한다는 것이 담헌 선생의 지론이기도 하다. 그리고 이러한 본질적인 독서법 외에도 담헌 선생은 초학자로서는 기억하고 암송하는 독서법을 무시할 수 없다는 사실에 대해 말하기도 했다.

　"본래 기억하고 암송하는 기송을 중요하게 여기지는 않지만, 초학자로서 기송을 버리면 더욱이 기댈 데가 없다. 그러므로 매일 배운 것을 먼저 정확하게 암송하되 음독에 착오가 생기지 않도록 하는 것이 중요하다. 그런 뒤에 비로소 서산을 세우고 한 번 읽고 나서는 한 번 암송한다. 그 다음에 한 번 보고, 보고 난 다음에는 다시 읽어 모두 3, 40번 되풀이

하고나서 그만둔다. 한 권이나 반 권을 다 배웠을 때에는 전에 배운 것까지 포함해 먼저 읽고, 그 다음에는 암송하고 보되, 각각 서너너덧 번 되풀이하고 그친다."〈〈매헌에게 주는 편지〉 중에서, 출처. 안대회, [선비답게 산다는 것], 266쪽〉

필자의 견해로는 담헌 선생이 암송을 강조한 것도 결국은 마음을 다잡기 위해서이고, 책을 읽을 때 몸가짐을 바로 하게 하는 것도 역시 마음이 여기저기로 분산되거나 나누지 않고 책에 집중하도록 하기 위한 것이라고 생각이 든다.

Insight in 조선 선비
선비가 지켜야 할 36가지 덕목

1. 하늘을 원망하지 않고 사람을 탓하지 않는다.
2. 이 세상에 도를 펴는 것을 자기 책무로 삼는다.
3. 나라가 위태로우면 목숨을 던진다.
4. 항상 세상을 걱정한다.
5. 널리 대중을 사랑한다.
6. 세상 모든 일을 감당할 수 있어야 한다.
7. 말보다 실천이 앞서야 한다.
8. 의리에 따라 행동한다.
9. 남의 장점은 이루어지도록 도와주고 나쁜 점은 이루지 못하도록 한다.
10. 가난을 마다하지 않는다.
11. 남이 자기를 알아주지 않을까 걱정하지 않고, 자기가 남을 알아보지 못할까 걱정한다.
12. 아첨하지 않는다.
13. 항상 반성하는 시간을 갖는다.
14. 몸을 닦고서 집안을 가지런히 한다.
15. 조상을 극진히 받든다.
16. 효를 조행의 기본으로 삼는다.
17. 성실하고 신용을 지킨다.
18. 허물이 있으면 당장 고친다.
19. 자기보다 나은 자를 벗으로 삼는다.

20. 일에는 민첩하고 말은 신중하게 한다.

21. 먹는 일에 배부름을 추구하지 않는다.

22. 거처에 편안함을 추구하지 않는다.

23. 이름을 바로잡는다.

24. 온화하면서도 엄하게 한다.

25. 위엄이 있으면서도 사납지 않는다.

26. 아랫사람에게 묻는 것을 부끄러워하지 않는다.

27. 있으면서도 없는 듯하고, 가득 차 있으면서도 텅 빈 듯이 한다.

28. 남이 침범해도 맞받아 다투지 않는다.

29. 두루 친하되 편을 짓지 않는다.

30. 마음을 늘 편하고 너그럽게 지닌다.

31. 화합하나 뇌동하지 않는다.

32. 태연하나 거만하지 않는다.

33. 언제나 자기에게서 구한다.

34. 성현의 가르침에 따라 행동하고 자기 주견을 말할 때도 옛사람의 말씀을 인용한다.

35. 사사로운 일보다는 공적인 일을 앞세운다.

36. 내 마음을 미루어 남을 헤아린다.

제 2부

아무도 몰랐던 0.1% 공부의 신들의 천재공부법

퇴계 이황(退溪 李滉) / 1501~1570년

"공부를 하고도 사람을 사랑할 줄 모른다면 공부를 제대로 한 것이 아니다."
"학문하는 것은 거울을 닦는 것에 비유할 수 있다. 거울은 본래 밝은 것이지만, 먼지와 때가 겹겹이 덮혀 있어 약을 묻혀 씻고 닦아야 한다."
"공부란 한번 껑충 뛰어서 도달하는 것이 아닙니다. 이전에 1, 2년 만에 공부를 완성할 수 있다고 기약한 적이 있는데, 뜻을 그렇게 가졌다면 참으로 거칠고 잘못된 생각이라고 하지 않을 수 없습니다. 공부는 평생을 걸쳐 해야 하는 막중한 사업입니다."
"글을 읽는(공부를 하는) 가장 중요한 목적은 반드시 성현들의 말씀과 행동을 본받아서 그것을 자기 것으로 만들 수 있는 경지에까지 도달하는데 있다."

◆ 퇴계 이황 ◆
오래도록 하는 공부를 하라

16세기를 대표하는 성리학자

16세기 중엽을 대표하는 성리학자가 바로 퇴계 이황이다. 그는 조선 시대의 문신이요 대학자로 1534년에 과거에 급제하여 벼슬을 시작하여 대사성, 공조판서, 예조판서, 대제학 등을 지낸 바 있다. 그는 한 마디로 주자학을 집대성한 대학자이다. 율곡 이이와 함께 유학계의 쌍벽을 이룬 학자이다. 후에 도산서원을 창설하여 후진을 양성하였고, 학자적인 양심과 태도를 끝까지 견지했던 공부의 대가였다.

그는 진성이씨(眞城李氏) 집안에서 처음으로 선조 원년에 의정부 우찬성과 홍문관 및 예문관의 대제학이라는 높은 벼슬에 올랐다. 하지만 을사사화(乙巳士禍)를 보고 정치에 정이 떨어졌다. 그래서 스스로 벼슬을 버리고 고향인 경상도 예안(禮安)으로 내려가 학문과 후학을 가르치는데 혼신을 다했다.

퇴계 이황은 조선 성리학의 본격적인 시작을 알려 준 성리학자이다.

그는 중국에서 들어온 성리학을 공부하여 새로운 경지로 발전시키고 체계화시켰다. 그 덕분에 오늘날에는 '퇴계학'이라는 학적 영역까지 성립될 정도이다.

그는 유학을 통달한 권위 있는 학자라는 의미의 유종(儒宗)으로 불릴 만큼 높은 학식을 인정받은 조선의 대학자이다. 사상적으로 깊이가 있는 그의 학문은 많은 문인들을 배출시킬 수 있게 해 주는 원동력이 되었다.

퇴계 이황이 조선 시대 선비로서 어떤 위치의 인물로 평가되고 있는지 그를 간단하게 소개 하고 있는 대목을 살펴보자.

"퇴계 이황은 율곡 이이와 더불어 16세기 조선 주자학을 대표하는 사상가로 일컬어진다. 그는 정암 조광조 이래로 도학파의 역사의식을 계승하고, 당시까지의 주자학사를 체계적으로 검토하고 정리하였다. 조선 주자학의 큰 틀을 제시하였으며, 명(明) 초 이래의 여러 탈주자학적 경향들을 극복하고자 하였다. 이러한 노력은 고봉 기대승과의 사단칠정 논쟁, 양명학과 같은 탈주자학적인 사조에 대한 비판 등으로 나타났고, 우계 성혼과 이이의 논변으로 이어졌다. 이후 조선 주자학은 이 논쟁들을 기반으로 자신만의 특색을 가진 주자학으로 발전하였다."〈정도원, [퇴계 이황과 16세기 유학], 13쪽〉

[조선왕조실록]의 [졸기]에 있는 그에 대한 기록을 살펴보자.

"오로지 성리의 학문에 전념하다가 [주역]을 읽고 한결같이 그 교훈을 따랐다. 참된 지식과 실천을 위주로 하여 여러 학설의 차이점과 장단점에 대해 널리 통달하고 주자의 학설에 의거하여 절충하였으므로, 의리에 있어서는 소견이 정미(精微)하고 도의 대원(大源)에 대하여 환히 통찰하고 있었다. 도가 이루어지고 덕이 확립되자 더욱더 겸허해져서 그에게 배우려는 학자들이 사방에서 모여들었고, 달관(達官), 귀인(貴人)들도 마음을 다해 사모하였다. 그가 학문 강론과 몸단속을 위주로 하면서 사풍(士風)이 크게 변화되었다."〈이수광, [공부에 미친 16인의 조선 선비들], 56쪽, ([조선왕조실록], [졸기])〉

살아있을 때부터 유종으로 불린 학자

퇴계 이황이 학문적으로 뛰어난 선비라는 사실에 대해 추가적으로 알 수 있는 대목을 더 살펴보자.

"논자들에 의하면, 이황은 이 세상의 유종(儒宗 : 유학에 통달한 권위있는 학자)으로서 조광조 이후 그와 겨룰 자가 없으니, 이황이 재주나 기국(器局)에 있어서는 조광조에 미치지 못하지만 의리를 깊이 파고들어 정미한 경지까지 이른 것은 조광조가 미치지 못한다고 한다."〈이수광, [공부에 미친 16인의 조선 선비들], 56쪽, [조선왕조실록]〉

한 마디로 정치는 조광조가 뛰어난 인물이었지만, 학문적으로는 이황이 뛰어난 인물이라는 것이다. 살아 있을 때부터 유종이라 불렸고, 사상적으로 깊이 파고들어 높은 경지에 이른 인물이 되어 그로 인해 많은 문인들이 그를 따르게 되었던 것이다. 이런 사실에 대해 이렇게 평가하는 대목을 발견할 수 있다.

"이황은 살아 있을 때부터 유종으로 불렸다. 그동안 유학을 하는 선비들은 주자학을 단순하게 받아들여 실천하는 데 불과했으나, 이황은 사상적으로 깊이 파고들어 주희에 버금가는 경지에 이르렀기 때문이다. 이황은 이로 인하여 많은 문인들을 배출했고, 영남학파를 이끌게 되었다."〈이수광, [공부에 미친 16인의 조선 선비들], 57쪽〉

그렇다면 과연 퇴계 이황 선생으로 하여금 학문적으로 높은 경지에 이를 수 있게 해준 원동력은 무엇이었을까? 필자는 퇴계 선생의 남다른 공부법과 공부에 대한 열정 때문이었다고 생각한다.

퇴계 이황의 공부법은 매우 많다. 그것을 몇 가지로 정리하면 이렇다. '반복하여 사색하는 학습', '거울을 닦듯이 쉬지 않고 매일 하는 공부', '오래도록 하는 공부', '힘들 정도로 부지런하게 하는 공부'라고 할 수 있다. 그런데 무조건 외우기 위한 반복 학습이 아니라 깊이 사색하고 되새기고 숙고하여 깊은 의미를 느끼게 되는 공부를 추구했다. 그래서 그러한 공부법 때문에 퇴계 이황은 성리학을 사상적으로 체계화 시킬 수 있었던 것이다.

퇴계 이황과 율곡 이이를 추종하여 문인이 되기를 바라는 16세기 이후 조선의 선비들을 볼 때 퇴계 이황의 학문이 얼마나 높은 경지에 오른 것인지를 잘 알 수 있을 것이다.

퇴계 이황의 공부 방법과 그로 인한 학문적 완성도에 대해 잘 말해 주고 있는 책이 바로 [공부에 미친 16인의 조선 선비들]이라는 책이다. 이 책에서 소개하는 대목을 살펴보자.

"이황의 공부 방법은 반복 학습이었다. 같은 책을 수없이 되풀이하여 읽는 바람에 책이 너덜너덜해졌다. 그러나 단순하게 읽기만 한 것이 아니라 책의 내용을 완전히 이해하기 위해 사색했다. 사색은 의문에서 시작된다. 김종직, 김굉필, 조광조는 성리학의 대가들이었으나, 성리학을 학문적으로 체계화하지는 못했다. 그래서 훗날의 사가들은 그들의 학문이 거칠고 정묘하지 않다며 비판하기도 했다. 그러나 이황은 사색을 통해 성리학을 사상적으로 체계화할 수 있었다."〈이수광, [공부에 미친 16인의 조선 선비들], 46쪽〉

퇴계 이황 선생으로 하여금 조선을 대표하는 학자가 될 수 있게 해 준 것은 그의 공부법, 즉 반복해서 읽고 반복해서 사색하여 책의 내용을 완전히 이해하고 깊은 맛을 느끼는 공부법 때문이었다고 할 수 있다.

아무리 머리가 좋다고 해도 반복해서 읽으면서 그 내용을 되새기지 않는 사람은 아무리 좋은 책을 읽는다 해도 얻을 수 있는 것은 많지 않다. 결국 어떤 책을 읽느냐 하는 것과 마찬가지로 어떤 방법으로 읽느냐 하는 것도 매우 중요하다는 사실이다.

조선을 대표하는 학자의 공부법에 대해 좀 더 구체적으로, 깊이 있게 살펴보자.

공부란 거울을 닦는 것이다

퇴계 이황 선생이 자신의 아들 준(寯)에게 보낸 편지에 보면 공부를 거울을 닦는 것에 비유하기도 했음을 알 수 있다.

"학문하는 것은 거울을 닦는 것에 비유할 수 있다. 거울은 본래 밝은 것이지만, 먼지와 때가 겹겹이 덮여 있어 약을 묻혀 씻고 닦아야 한다. 처음에는 온 힘을 들여 닦아 내야만 한 겹의 때를 겨우 벗겨낼 수 있으니,

매우 힘든 일이다. 그러나 계속해서 두 번, 세 번 닦는다면 힘이 점점 적게 들고, 거울도 점점 힘을 들이는 만큼 밝아질 것이다. 그러나 어려운 과정을 지나 쉽게 행할 수 있는 경지에 이르는 사람은 참으로 드물다."〈김건우, [옛사람 59인의 공부산책], 54쪽, [해동소학]〉

퇴계 이황이 아들에게 경고한 것은 세월이 화살처럼 빠르게 지나가면 그 후에는 다시 쫓기 어렵기 때문에 부지런히 공부를 하지 않으면 안 된다는 것과 공부를 하는 날이 적고 그것을 써 먹는 날이 많아지면 칼날이 무디어 지게 되는 것처럼 터득한 것을 금방 잊게 된다는 것이다.

필자는 이 사실에 100% 동감한다. 글을 쓰는 것이나 공부를 하는 것이나 원리는 매 한 가지라고 생각한다. 필자가 남들보다 많은 책을 쓸 수 있었던 비결은 남들보다 재주가 더 뛰어났기 때문이거나, 더 많은 지식이 있기 때문이거나, 더 많은 책을 읽었기 때문이 아니다.

그 비결은 한 가지, 즉 시간을 절대 낭비하지 않고 온 힘을 다해 쉼 없이 글을 썼기 때문이다.

어떤 사람들은 토요일, 일요일이라고 글쓰기를 쉬고, 공휴일이라고 글쓰기를 쉬고, 기분이 안 좋다고 글쓰기를 쉬고, 영감이 떠오르지 않는다고 글쓰기를 하루나 이틀 정도 쉰다. 어떤 이는 몇 주씩 쉬기도 한다.

하지만 필자는 도저히 이런 상황을 이해할 수가 없다. 필자는 하루라도 책을 쓰는 것을 멈추거나 쉰 적이 없다. 매일 200자 원고지로 50장 이상은 꼭 쓴다. 쓸 것이 없어도 쓰고, 몸이 조금 아파도 쓰고, 기분이 좋아도 쓰고, 기분이 나빠도 쓰고, 영감이 떠오르지 않아도 쓰고, 쓸 것이 넘쳐나도 쓴다.

즉 비가 오나 눈이 오나 글을 쓴다는 것이다. 이렇게 글을 쓰면 놀라운 일이 일어난다. 정말 많은 양의 글을 쓸 수 있다는 것과 함께 글을 쓰는 것이 전혀 힘들지 않다는 것이다. 공부도 바로 이와 같은 원리이다.

거울도 매일 수시로 깨끗하게 닦는 사람은 거울 닦는 것이 힘이 들지도 않지만 거울은 항상 깨끗한 상태가 된다. 공부가 바로 이와 같다고 이황은 말하고 있는 것이다. 공부를 하고자 하는 사람은 이 말을 명심해야 할 것이다.

오래도록 하는 공부를 하라 _ 구원공부(久遠工夫)

공부는 정직하다. 아무리 머리가 좋아도 청년기에 아무리 열심히 공부를 했다고 해도 그것으로는 부족하다. 청년기와 중년기를 거쳐서 노년기에 이르기까지 오래도록 공부를 한 사람들이 학문의 성취도가 높기 때문이다.

실제로 머리가 좋은 사람들이라도 조선시대 높은 벼슬을 한 사람들을 보면, 학문을 할 겨를이 상대적으로 적을 수밖에 없는 것이다. 그래서 공부는 정직한 것이다. 한 만큼 보답을 해 주기 때문이다.

공부는 오래할수록 시야가 넓어지고 생각은 깊어질 수밖에 없는 것이다. 이러한 사실에 대해 퇴계 이황도 자신의 편지에 쓴 적이 있다. 그의 편지를 살펴보자.

"'회암(晦菴:朱子)의 글에 뜻을 둔다.'라고 한 말씀은 매우 좋습니다. 글을 읽다 보면, 혹 깨닫기 어려운 곳이 있음을 면할 수 없습니다. 대개 선생의 문자는 푸른 하늘의 밝은 태양과 같아 본래 흐릿함이 없습니다. 다만 그 글의 의리가 깊고 은미한데, 학자들의 마음이 깊지 못하여 공부가 미숙하면 문득 그 의리를 얻기 어려운 점이 많은 것입니다. 오래도록 하는 공부를 해야 합니다. 진실이 쌓이고 힘이 오래되면 그 의리가 어떠한지를 볼 것입니다." 〈최석기, [우리가 꼭 알아야 할 공부], 66쪽〉

즉 퇴계 이황이 주장하는 공부는 한 마디로 '오래도록 하는 공부', 즉 '구원공부(久遠工夫)'였던 것이다.

그는 자신의 이 말을 자신의 삶을 통해서도 보여 주었다. 그는 나이 60세에 도산서원을 지어서 학문에 전념하고 후학을 키우면서 살았기 때문이다.

"이황은 60세에 도산서당(陶山書堂)을 짓고 스스로 도옹(陶翁)이라고 불렀다. 집이 가난하여 나물과 잡곡밥으로 겨우 끼니를 이어갔다. 그러나 그의 집에는 항상 많은 선비들이 찾아왔고, 학문을 배웠다. 이황의 명성이 높아지면서 명종과 선조는 그를 자주 조정으로 불렀다. 그러나 이황은 병을 이유로 사양하거나, 부득이 벼슬을 받더라도 곧바로 사직했다." 〈이수광, [공부에 미친 16인의 조선 선비들], 52쪽〉

퇴계 선생은 자신의 이 말처럼 오래도록 하는 공부를 강조했고, 그것을 실천했다. 그러면서 동시에 너무 급히 나아가려 하지 말아야 한다고 다음과 같이 경계했다.

"그대가 지금 나에게 보내온 시를 읽으면서 속에 담긴 뜻을 헤아려 봅니다. 처음 공부를 시작하자마자 서둘러 마음이 흐뭇해지는 흥미로움과 흔들림 없는 효과가 나타나기를 바라고 있습니다. 그런가 하면 또 공부를 하노라니 매우 심하게 정력이 소모되고 견디기가 어렵게 되는 것을 괴로워하고도 있습니다. 그러한 공부의 장애물이 나타나는 이유를 태어난 성격의 바탕이 좋지 못한 탓으로 돌리고 있군요. 너무 급히 앞으로 나아가 이루려던 나머지 오히려 너무나 빨리 후퇴하는 조짐을 보이는 듯합니다.

비유하자면 100자 깊이로 우물을 파야 하는 일을 하면서 네다섯 번 삽을 뜨자마자 벌써 물이 펑펑 솟아오르는 맑은 샘을 보려고 합니다. 그때부터 이미 샘물이 보이지 않는다고 투덜거리며 몸이 피로하고 힘이 다 빠졌다고 한숨 쉬는 것과 같은 것입니다.

끙끙거리며 힘을 들여서 90자까지 파 들어갔으나 아직 샘물에 닿지 않았을지라도 지금까지 힘들인 노력을 포기하지 말고 끝내 100자까지 파내려가 물을 얻어 우물을 완성해 내어야 하겠지만, 그것이 어찌 어려운 일이 아니겠습니까?

이러한 병통들을 먼저 제거하고 난 뒤에야 비로소 함께 이 공부의 길을 닦을 수 있을 것입니다."〈이윤희, [퇴계가 우리에게], 62쪽,([문집], 內集, 권37〉

힘들도록 부지런하게 공부하라_근고공부(勤苦工夫)

퇴계 이황 선생은 자신의 말대로 일생동안 학문을 부지런히 그리고 고달플 정도로 늙어서도 더욱 독실하게 했던 인문이었다. 이런 사실에 대해 그의 제자 중에 한 명인 월천(月川) 조목(趙穆)은 스승의 공부 모습에 대해 이렇게 임금에게 아뢴 적이 있었다.

"신의 스승 신(臣) 이황(李滉)은 일생 동안 학문공부를 부지런하고 고달프게 했습니다. 늙어서도 더욱 독실하게 하여 주렴계(周濂溪), 정자(程子)이래 여러 유자들의 정전(正傳)을 깊이 터득하였습니다. 그러므로 시문과 논변에 드러난 것들이 모두 인심을 착하게 하고 세도를 부지하는 것들로, 앞 시대 성현의 마음을 계승해 후대의 몽매한 사람들을 깨우쳐 주는 내용입니다."〈최석기, [우리가 꼭 알아야 할 공부], 256쪽, (조목, [월천집], 권2)〉

우리나라를 대표하는 학자로 세계적인 석학이기도 한 그가 그렇게 될 수 있었던 비결은 바로 여기에 있었던 것이다. 머리가 그저 좋았기 때문이 아니라 평생토록 힘들고 고달픈 공부를 통해 그렇게 되었다는 것을 우리는 미루어 짐작해 볼 수 있을 것이다.

이런 공부는 한 마디로 마음과 뜻을 다할 뿐만 아니라 모든 것을 투자하는 그런 공부인 것이다. 이런 공부를 한 마디로 한다면 근고공부(勤苦工夫)라고 할 수 있을 것이다. 이러한 퇴계 이황 선생의 공부의 정신과 모습을 볼 때, 우리 선조들이 얼마나 공부에 대해 진지했으며 모든 혼신을 쏟아 부어 평생을 노력했는지 그 노력의 모습을 엿볼 수 있게 되어 매우 기분이 좋았다.

퇴계 이황 선생에게서 우리 후손들이 배워야 할 공부 자세는 시련과 역경, 최악의 상황과 현실에서도 공부의 끈을 놓지 않는 면학정신일 것이다. 그는 식량이 자주 떨어졌음에도 조금도 개의치 않고 공부에 전념했다. 이러한 사실을 잘 알 수 있는 대목이 [명종실록]에 실려 있다. 그에 대한 평가를 살펴보자.

"이황은 타고난 자품이 순수하고 학식이 뛰어났다. 예전부터 성현의 위기지학(爲己之學)에 뜻을 두어 마음으로 생각하고 힘써 실천하여 뜻을 맑게 가지고 행실을 독실하게 하였다. 권세를 쥔 간신들이 정권을 도맡아 국사가 날로 비하해지자, 그는 결국 병을 핑계 삼아서 경상도 예안 지방으로 물러가 살았다. 여러 번 조정의 부름을 받았으나 모두 거절하고 나가지 않았으며, 혹 나갔다 해도 곧 돌아오곤 했다. 식량이 자주 떨어졌으나 조금도 개의치 않았고, 날마다 경서를 탐구하고 도를 즐기는 것으로 일을 삼았다. 중년 이후에는 소견이 더욱 밝고 얻은 바가 매우 높았으며, 학문이 심오하고 실천이 투철하였다."〈이수광, [공부에 미친 16인의 조선 선비들], 53쪽, ([명종실록])〉

퇴계 이황 선생이 평생 공부를 얼마나 부지런하게 하셨는지를 알 수 있는 대목을 몇 개 찾아 보면 이렇다.

"새벽 동틀 무렵에 일어나 세수하고 의관을 갖추고 꼿꼿이 앉아서 글을 읽었다.(10월 26일)

새벽에 일어나 등불을 밝히고 주자서를 읽었다. 둘째 손자 순도가 강학하는 것이 능통하지 못하였으나 선생께서 친절하고 자세하게 일깨워 주셨다. 식후에 날씨가 춥다고 하면서 정상에서 낭영대를 쌓는 사람들에게 일을 중단하도록 지시하였다. 이덕홍에게 [심경]을 강의하였다. 이날 오후 바람이 잠잠해졌다. 이때 주자서를 한 권 가지고 가서 소나무 밑에서 강독하였다. 식후에 고반대에 나가서 낭영대를 바라보다가 동와와 방에 들어가 저녁이 되도록 위좌하였다. 해시(오후 9~11시)가 되기 전에 잠자리에 들었다가 자시(오후11~오전1시)에 일어나서 이덕홍에게 '경敬'자의 의미를 설명하였다. 28일 새벽 축시(오전1~3시)가 끝나기 전에 잠자리에 들었다가 인시(오전3시~5시)가 되어서 일어나, 27일에 지은 [유월난암칠절]시를 적어서 이덕홍에게 주었다.(10월 27일)"〈정순우, [공부의 신], 165~166쪽〉

한 마디로 퇴계 선생은 새벽부터 잠자리에 들기까지 한 시도 마음을 흩트리지 않고 구도 자세를 유지하며 의관을 정제하고 말없이 앉아 심신을 수양하는 공부를 하였다고 한다. 그가 66세 때 함께 지냈던 제자 이덕홍이 남긴 기록을 토대로 살펴본 내용이다.

퇴계 이황은 힘들도록 부지런한 공부를 했던 것이다. 하지만 그렇다고 해서 몸이 축나고 병이 날 정도로는 하지 말라고 말하기도 했다.

"내가 젊었을 때 학문에 뜻을 두어 낮에는 쉬지 않고 밤에는 자지 않고 공부하다가 마침내 고질병을 얻어 폐인을 면하지 못하였다, 공부하는 사람들은 모름지기 자신의 기력을 헤아려서 자야할 때는 자고 일어나야 할 때는 일어나며, 때와 곳에 따라 자신의 심신을 살펴서 마음을 함부로 하지 않도록 해야 할 것이다. 어찌 꼭 나처럼 하여 병이 나게 할 것인가."〈박희병, [선인들의 공부법], 85쪽〉

그렇다면 우리가 약간 고생스럽게 공부를 부지런하게 하더라도 병이 날 정도로는 하지 않아야 할 것 같다.

인격을 위하여 하는 공부를 하라

퇴계 이황이 남긴 글 중에 보면 남의 이목을 생각하여 하는 공부를 경계하고, 인격을 위한 공부를 해야 한다고 주장하는 글이 있다.

"훌륭한 사람이 되기 위하여 익혀야 할 것은 스스로의 인격을 위하는 공부일 따름입니다. 스스로의 인격을 위하는 공부를 하려면 우주의 진리와 인간의 윤리도덕을 마땅히 알아야 하고, 덕을 베푸는 행실을 마땅히 실천해야 합니다. 내 몸과 내 몸에 가까운 곳에서부터 공부를 시작하여 마음으로 깨달아 얻고 몸으로 실천하려고 노력하는 것이 바로 이 공부입니다. 남의 이목을 생각하여 하는 공부와는 다른 것입니다.

남의 이목을 생각하여 하는 공부는 마음으로 깨달아 얻는 일이나 몸으로 실천하는 일에는 힘쓰지 않고, 겉으로 꾸며서 남들이 어떻게 볼 것인가 하는 점에만 관심을 두며 이름이 나고 칭찬 받기를 구합니다.

깊은 산 무성하게 우거진 수풀 속에 한 떨기 난초꽃이 피어 있다고 합시다. 온종일 맑은 향기를 내보내건만 난초 자신은 그것이 향기로운 것인지도 모릅니다. 이것이 바로 훌륭한 사람이 스스로의 인격을 위하여 하는 공부의 뜻에 딱 들어맞는 예입니다."〈이윤희 [퇴계가 우리에게], 48쪽〉

퇴계 이황은 남에게 보여주기 위한 공부를 경계하라고 말하고 있다. 자신의 인격을 위한 공부를 하라고 말이다. 그는 또한 숨은 공부를 하여야 한다고 말한다. 숨은 공부란 세상에 쓰이지 않아도 되는, 세상에 자신을 드러내기 위한 그런 공부가 아닌 자기 자신의 성장을 위한 공부를 말한다.

"옛사람들은 반드시 숨은 공부를 하여 두었기 때문에 그 시대에 쓰이지 않을 경우라도 스스로를 버리지 않았습니다. 지금 사람들은 세상에서 쓰이지 않을 경우 스스로도 버리고 맙니다."〈이윤희 [퇴계가 우리에게], 62쪽, ([문집], 內集, 권10)〉

퇴계 이황은 인격을 위한 공부를 강조했기 때문에 성현의 말을 앵무새처럼 읊는 그런 외형적인 공부를 경계했다. 즉 겉핥기식 공부를 매우 경계한 것이다. 그래서 퇴계 선생은 '함양'과 '체찰'을 강조했던 것이다.

함양은 학식을 넓혀 심성을 닦는 것이고, 체찰은 몸으로 익혀 실천하는 것이라고 생각하면 된다. 좀 더 쉽게 이야기하면 함양은 마음을 수양하는 공부, 즉 마음공부이고, 체찰은 성찰이라고 할 수 있다.

자기를 위한 공부 vs 남을 위한 공부

어떻게 보면, 퇴계 선생에게 공부란 '심성을 올바르게 갈고 닦는 일'이었다고 생각해도 별 무리가 없을 것 같다. 하지만 여기에 그치지 않고 깨달은 것을 실천하는 학문을 또한 그는 강조했다. 그래서 그는 공부를 두 가지로 크게 나누었음을 알게 된다.

그 두 가지 공부 중에 하나는 '자기를 위하는 학문'이고 또 다른 하나는 '남을 위하는 학문'이다.

"자기를 위하는 학문이란, 우리가 마땅히 알아야 할 것이 도리이고 우리가 마땅히 행해야 할 것이 덕행이라 여겨 비근한 것부터 공부하여 마음으로 깨닫고 몸소 실천하는 학문이다. 남을 위하는 학문이란, 마음으로 깨닫고 몸소 실천하는 데 힘쓰지 않고 거짓을 꾸미고 겉치레를 좇아 명성과 칭찬을 구하는 학문이다."〈박희병, [선인들의 공부법], 86쪽〉

여기서 말하는 자기를 위하는 학문은 한 마디로 '위기지학(爲己之學)'이라고 할 수 있다. 그리고 반대로 남을 위한 학문은 '위인지학(爲人之學)'이라고 할 수 있다.

지금 이 시대에는 자기를 위한 공부가 아닌, 출세와 학벌과 승진과 부와 명예를 위한 공부인 남을 위한 공부가 횡횡하고 있음을 아무도 부인할 수 없을 것이다. 현대의 사람들은 자기 자신뿐만 아니라 자녀들에게도 공부를 하라고 입에 침이 마르도록 공부를 강요하고 있는데, 그들이 그렇게 강요하는 이유는 단 한 가지일 것이다.

공부를 해야 좋은 대학을 갈 수 있고, 좋은 직장을 얻을 수 있고, 좋은 직업을 가질 수 있고, 돈도 많이 벌수 있고, 명예도 얻을 수 있기 때문일 것이다. 한 마디로 많은 부모들이 자녀들에게 공부를 강요하는 이유는 자녀들의 출세와 성공 때문일 것이다.

이것부터가 위인지학인 것이다. 하지만 과거의 퇴계 선생을 비롯한 참된 선비들은 출세와 성공을 위한 공부가 아닌 자기 자신의 성장과 완성을 위한 공부를 강조했고, 자기 자신도 그러한 공부를 평생 살면서 실천했던 것이다.

조급함을 버리고 마음을 비우고 공부하라

퇴계 이황 선생은 공부를 하는 사람들이 가장 조심해야 할 것이 바로

'공부에 대한 조급증'과 '생활고나 이익이나 손해, 출세나 이득, 명예와 같은 것에 연연해하는 마음'이라고 같은 시대의 학자였던 남시보에게 보내는 편지에서 이렇게 말한 적이 있다.

"지난 날 나는 공부를 하면서 지나치게 깊고 오묘한 데서 이치를 탐구하려 했습니다. 또한 힘쓰는 일에 자신만만하여 조급하게 억지로 '싹을 뽑아 올려 자라남을 도우려는 듯이' 했습니다. 그런 태도가 모든 병의 뿌리를 만들었습니다. 거기에 다시 마음의 근심이 덮쳐 증세가 깊고 중하게 되었으니 염려스러운 마음을 지울 수 없습니다.

그대도 알겠지만, 병을 치료하려면 무엇보다 마음에 괴로움을 만들지 말아야 합니다. 세상을 살아가다 보면 여러 가지 많은 일들을 겪게 되지요. 곤궁함, 출세, 이득, 상실, 명예, 치욕, 이익, 손해 등 모든 것을 너무 깊이 마음에 담아 두지 마세요. 이처럼 담아두지 않는 마음을 지니게 되면, 병통의 절반 이상은 이미 나은 바와 다름없습니다. 사람들과 어울리며 활동하는 시간을 줄여보세요. 취미나 욕망을 좇는 생활을 절제하고 마음을 비워 한가하고 담백한 생활 속에서 즐거움을 찾아내세요."〈신창호, [함양과 체질], 86~87쪽〉

이것은 공부뿐만이 아닐 것이다. 무엇을 하더라도 이 두 가지는 반드시 경계해야 할 것이라고 생각한다.

[맹자]의 '공손추'에 나오는 고사성어인 '알묘조장(揠苗助長)'의 경우가 공부에도 그대로 적용이 될 것이다.

송나라 사람이 곡식을 빨리 자라나도록 하려고 그 싹을 조금씩 뽑아 올려 주었다. 그 다음 날 그 곡식들은 모두 말라 죽었다. 즉 이 고사성어는 지나치게 욕심을 내어 조급하게 서두르지 말라는 것이다.

무엇인가를 조급하게 빨리 성과를 보려고 하다보면 도리어 해를 본다는 것은 세상에 공짜가 없다는 것을 또 한 번 깨닫게 해 주는 말일 것이다. 공부를 하는 사람은 '곤궁함, 출세, 이득, 상실, 명예, 치욕, 이익, 손해' 등에 마음이 너무 연연해해서는 안 된다고 퇴계 선생은 또한 조언하고 있다.

그는 또한 공부란 짧은 기간에 단번에 완성되지도, 도약하지도 않는 것이라고 말한다. 즉 공부는 끝이 없고 평생 해야 하는 것이기에 단기간에 끝내려고 하는 마음도 경계했다.

"공부란 한번 껑충 뛰어서 도달하는 것이 아닙니다. 이전에 1,2년만에 공부를 완성할 수 있다고 기약한 적이 있는데, 뜻을 그렇게 가졌다면 참으로 거칠고 잘못된 생각이라고 하지 않을 수 없습니다. 공부는 평생을 걸쳐 해야 하는 막중한 사업입니다. 안자나 증자처럼 훌륭한 선현들도 공부를 다 마쳤다고 말할 수 없습니다. 하물며 그 분들보다 못한 사람들은 어떻겠습니까?"〈신창호, [함양과 체질], 150쪽〉

율곡 이이(栗谷 李珥) / 1536~1584년

"공부는 사람다운 사람이 되기 위해 누구나 해야만 하는 아주 가까이 있는 것이며, 특별한 사람만이 하는 것은 아니다."
"공부는 죽은 뒤에야 끝나는 것이니 서두르지도 않고 늦추지도 않아야 한다."
"공부라는 것은 일상생활과 일 속에 있다. 평소에 행동을 공손히 하고 일을 공경히 하며 남을 진실되게 대하는 것, 이것이 곧 공부라고 할 수 있다."
"요즘 사람들은 학문이 일상생활에 있는 줄은 모르고 망령되이 높고 멀어 행하기 어려운 것으로 생각하는 까닭에, 특별한 사람에게 미루고 자기는 자포자기한다. 이 어찌 불쌍한 일이 아니랴."

◆ 율곡 이이 ◆
스스로 나태해짐을 경계하고 부단히 노력한 공부의 신

세계에 자랑할 만한 철학자

율곡 이이는 과연 어떤 인물이었을까? 율곡 이이는 이황과 함께 조선 유학의 쌍벽을 이룬 학자이다. 그리고 기호학파를 형성했고, 학문을 민생과 일상생활에 직결시켰고, 동서분당을 조정하려고 노력한 정치가이면서도 동시에 대학자였다.

필자는 그를 조선 시대의 공부의 신이었다고 말하고 싶다. 그런데 다른 이들은 그를 '세계에 자랑할 만한 철학자'라고 평가하기도 한다는 것을 어떤 책을 통해 접할 수 있었다.

그에 대하여 그렇게 평가하고 있는 책의 한 부분을 먼저 살펴보자.

"조선조 오백 년을 통해 수많은 유학자가 배출되었지만, 그 가운데 세계에 자랑할 만한 철학자의 한 사람이 바로 율곡 이이다. 우선 그는 학문적으로 탁월하였다. 송대 성리학에 기반을 두었지만 모방만 하지는 않았다. 탄탄한 존재론을 바탕으로 이기지묘(理氣之妙), 기발이승(氣發理乘),

이통기국(理通氣局)의 독창적인 화두를 제시하였다. 이를 통해 우주자연과 인간의 조화, 윤리와 경제의 조화, 그리고 몸과 마음의 유기적 이해 속에서 이성과 감성이 어우러진 전인적 인간을 추구하였다.

특히 율곡의 철학 속에는 심오한 철학적 논리와 함께 민생과 나라를 근심 걱정하는 우환의식이 진솔하게 녹아 있다. 그리고 불교와 도가까지도 수용하는 활짝 열린 생각으로 성리학과 실학을 아우르는 '율곡학'이라는 대하가 굽이친다.

율곡, 그는 16세기 리(理) 철학과 기(氣) 철학을 조화시켰고, 성리학과 실학의 징검다리가 되었으며, 기호학파의 중심적 위치에 우뚝 섰다."〈황의동, [율곡 이이], 11쪽〉

한 마디로 율곡 이이는 학문적으로 탁월했던 선비들 중에 한 명이다. 그래서 율곡 선생은 49년이라는 짧은 인생을 살았지만 사상의 폭이 넓고 깊다고 할 수 있다. 사실 그의 문집은 그리 많은 편은 아니다. 하지만 그 속에 담긴 철학의 내용과 깊이는 참으로 풍부하고 깊다고 할 수 있다.

조선 시대의 공부의 신_구도장원공

퇴계 이황과 함께 조선 성리학의 큰 봉우리가 바로 율곡 이이이다. 비록 이황과 35세의 나이차가 있음에도 이황의 뒤를 잇는 뛰어난 선비로 평가 받는 인물이다. 조선의 사대부 선비들의 공부를 살펴보면, 관료로서 출사를 하면 학문을 연마할 여력이 없게 되는 경우가 많다. 그래서 학문적 경지가 높은 학자들은 정치에서 한 발 떨어져 있는 사람인 경우가 많다.

그런데 율곡 이이는 정치와 학문이라는 두 가지 토끼를 모두 잡은 인물이라는 점에서 아주 돋보이는 인물이다. 그는 학문의 경지로도 조선 유학의 최고봉이라 할 수 있는 이황과 쌍벽을 이룰 정도였고, 관료로서도 조선시대 중기의 정치 일선에서 국가의 경영에 헌신을 한 정치인이기도 했다.

율곡 이이의 어렸을 때의 총명함과 공부 모습을 살필 수 있는 대목을 [옛사람 72인에게 지혜를 구하다]란 책에서 살펴 볼 수 있다.

"이이는 어릴 때부터 총명하고 비범하여 4세에 〈사략(史略)〉 첫 권을 배웠는데 스승보다도 글귀의 토를 더 잘 붙였다고 한다. 어머니 신씨에게 직접 글을 배울 때도 진보가 매우 빨랐다. 이이는 8세에 임진강가에 있는 화석정에 놀러갔다가 그 경치를 시로 읊었는데 그 시정이 매우 빼어나다."〈김갑동, [옛사람 72인에게 지혜를 구하다], 247쪽〉

율곡 이이는 한 마디로 그 당시 공부의 신(神)이라고 불리는 그런 인재였다. 그는 아홉 번이나 연속으로 과거시험에 장원을 하여 '구도장원공(九度壯元公)'이라고 불리기도 했다.

그가 그렇게 '구도장원공'이라는 전설에 가까운 공부의 신이 될 수 있었던 것은 물론 총명했기 때문이기도 하였지만, 그것보다 더 중요한 것은 남들보다 더 일찍 일어나고, 남들보다 더 늦게 자면서까지 공부를 하고, 자신을 부단히 채찍질했기 때문이라고 말할 수 있다는 것이다.

그가 평소에 공부에 대한 자신의 생각을 밝혀서 공부를 시작하는 어린이는 물론이고 모든 사람들에게 훌륭한 공부의 지침서가 되어 내려오는

[격몽요결(擊蒙要訣)]에 보면 이런 말을 한 적이 있다.

"항상 일찍 일어나고 늦게 자며, 반드시 의관을 바르게 하고, 얼굴빛을 엄숙하게 하며, 두 손을 모아 바르게 앉으며, 걸음걸이를 급하지 않고 점잖게 하며, 말을 신중하게 해야 한다. 한 가지 한 가지의 행동을 경솔하게 해서는 안 되며, 아무렇게나 지나쳐 버려서는 안된다."〈박희병, [선인들의 공부법], 119쪽, [격몽요결] 중에서〉

자경문으로 스스로를 경계하다

조선 시대의 공부의 신인 율곡 이이는 공부에 대해 이렇게 말하는 사람이다.

"공부는 사람다운 사람이 되기 위해 누구나 해야만 하는 아주 가까이 있는 것이며, 특별한 사람만이 하는 것은 아니다"

그는 자신의 이 말을 그대로 실천하여 '자경문(自警文)'을 지어 사람다운 사람이 되고자 목표를 세웠고, 끝없이 노력을 했던 공부의 대가였던 것이다. 필자는 그가 성인이 되고자 목표를 세웠던 것은 아니라고 생각한다. 사람다운 사람이 바로 성인이 아니고 무엇일까?

그가 세운 '자경문'은 모두 11조항으로 되어 있고, 첫 번째 조항에 보면 '먼저 그 뜻을 크게 가져 성인을 본보기로 삼아서 성인이 되고자 노력할 것'을 다짐하는 대목이 나옴을 알 수 있다.

그가 스스로 인생의 좌우명으로 삼은 '자경문'의 마지막 조항은 공부에 대한 그의 확고한 의지와 자세를 잘 알 수 있게 해주는 조항이다.

"공부를 하려는 노력은 늦춰서도 안 되고 조급하게 해서도 안 되며, 죽은 뒤에야 끝나는 것이다. 만약 그 효과를 빨리 바란다면 이 또한 이익을 탐하는 마음이다. 만약 이와 같이 하지 않는다면 부모님께서 물려주신 몸을 욕되게 하는 것으로 이는 사람의 아들이 아니다."〈김건우, [옛사람 59인의 공부산책], 84쪽, '용공지효(用功之效)'〉

원문은 굉장히 길지만 그의 '자경문'의 11조항을 간단하게 간추리면 이렇다고 할 수 있을 것이다.

1. 입지(立志) _ 뜻을 크게 가지고 성인을 본받아야 한다. 성인의 경지에 이를 때 까지 멈추지 않는다.

2. 과언(寡言) _ 말을 적게 하라. 마음을 안정시키려면 말을 적게 해야 한다.

3. 정심(定心) _ 마음을 바르게 하려면 잡념과 집착을 끊고 쉬지 않고 공부해야 한다.

4. 근독(謹獨) _ 홀로 있을 때라도 언제나 나태함을 경계하고 조심하고 삼가도록 하면 일체의 나쁜 생각이 일어나지 않을 것이다..

5. 독서(讀書) _ 일을 살피지 아니하고 글만 읽는다면 그것은 쓸모 없는 학문이다. 해야 할 일을 모두 마친 뒤에 글을 읽는다. 글을 읽는 이유는 의리를 살펴 일을 할 때에 쓰기 위한 것이다.

6. 소제욕심(掃除慾心) _ 재물과 영화로움에 마음을 두지 않고, 탐하지 않는다. 이로움을 탐하는 마음을 버리고 욕심을 버려라.

7. 진성(盡誠) _ 해야 할 일이라면 정성을 다해 진심으로 한다. 모든 일에 게으름을 피우지 않고 성실해야 한다.

8. 정의지심(正義之心) _ 천하를 얻는다 하더라도 한 사람의 무고한 사람을 희생시켜서는 안 된다.
9. 감화(感化) _ 누군가 나에게 악한 일이나 얼토당토 않은 행위를 가해오면 내 자신을 스스로 깊이 반성하고 그를 감화시키려고 해야 한다.
10. 수면(睡眠) _ 밤에 잘 때가 아니면 눕거나 자지 않는다. 마음을 항상 깨어 있게 하고 바르게 자야 한다.
11. 용공지효(用功之效) _ 공부는 서두르지도 말고, 쉬지도 말고, 멈추지도 말고, 꾸준하게 끝까지 해야 한다.

율곡 이이는 언제나 글을 읽을 때에는 반드시 태도를 정숙히 하고 단정히 앉아서 마음과 생각을 한 곳으로 모아 한 책에 익숙해진 뒤에야 다른 책을 읽어야 한다고 강조한다. 즉 조급하게 서두르지 않는다는 것이다. 그래서 많은 책을 서둘러 보는데 힘쓰지 않으며 억지로 기억하려고 노력하지 말라고 한다.

재미있는 점은 율곡 이이는 밤에 공부하는 것이 낮에 공부하는 것보다 더 낫다고 말하는 점이다. 그의 [경연일기]를 보면, 이런 내용이 나온다. 밤에는 번잡한 일이 없고, 만물조차도 다 잠들어 있기에 자연스럽게 집중이 되는 효과가 있다는 것이다.

조선 시대의 공부의 신인 율곡 이이는 한 마디로 스스로 '자경문'을 만들어 나태해짐을 경계하고, 부단히 노력하는 공부를 하였던 공부의 대가였다.

조선시대의 미래학자 _ 변법경장

세계적인 앨빈 토플러가 뉴욕 대학교에서 영문학 석사가 학력의 전부였다는 사실을 아는 사람은 별로 많지 않다. 또한 대학을 졸업하고 나서 그가 공장의 노동자 생활을 5년 정도 했다는 사실도 마찬가지일 것이다.

하지만 그는 그 후 독학을 통해 보기 드물게 석사 출신 세계적인 미래학자로, 그리고 세계적인 석학으로 명성을 떨쳤다.

율곡 이이는 아깝게도 49세에 요절하지만, 그가 보여준 학문적인 성취는 그 어떤 학자에 뒤처지지 않는다. 그는 진사시에 13세의 나이로 합격할 정도로 영재였다. 신사임당의 셋째 아들이기도 한 그는 조선시대에 살았던 미래학자라고 해도 과언이 아닐 정도로 정확히 미래를 예측했던 인물이다.

그가 국가의 장래가 매우 위험하다고 경고를 했고, 그의 말대로 임진왜란이 터져서 큰 위기에 빠진 것이 사실이기 때문이다. 이러한 사실에 대해 한영우 박사는 이렇게 설명하고 있다.

"29세부터 벼슬길에 들어선 이이는 오랫동안 관직에 있으면서 명종과 선조 시대 정치의 일각을 맡았다. 문한직과 언관직, 그리고 판서직을 두루 역임하면서 실무정치를 익힌 그는 한때 서울 한강가에 있는 동호(東湖) 독서당에 들어가 공부하기도 했는데, 그의 관심은 중쇠기(中衰期)에 들어선 왕조를 어떻게 하면 중흥시킬 것인가에 있었다. 그래서 수많은 개혁안을 진언하고, 변법경장(變法更張)을 부르짖었다.

그의 판단을 따르면, 당시 조선왕조는 창업(創業)과 수성(守成)을 거쳐 중쇠기로 접어들어, 집에 비유하면 서까래가 부서지고, 담이 무너진 상태와 같다는 것이다. 그래서 이를 바로잡지 않으면 국가의 장래가 매우 위험하다고 보았다. 그런데 불행히도 예언한대로 그가 세상을 떠난 지 8년 뒤에 임진왜란이 터졌으니, 이이의 현실 진단이 매우 정확했음을 알 수 있다."〈한영우, [한국선비지성사], 342~343쪽〉

율곡 이이가 말하는 변법경장은 결국 나라의 기강이 무너지고, 제대로 나라가 돌아가고 있지 않은 것에 대한 개혁의 표출이라고 볼 수 있다. 그가 제시한 변법경장의 내용을 간단하게 정리하면 이렇다.

1. 문벌, 출신보다는 능력 있는 사람을 기용하자.
2. 평민을 포함하여 폭 넓게 인재를 양성하자.
3. 중앙에서는 외척의 권력 집중화를 막고, 지방에서는 수령의 자질을 높이고 이서(吏胥)들에게도 녹봉을 주어 민폐를 막아야 한다.
4. 붕당을 막고 사림(士林)의 공론(公論)을 존중하고 사기를 높여주어야 한다.
5. 민생을 괴롭히는 방납(防納)을 시정해야 한다.
6. 왕실 사유재산을 억제하고, 왕실의 경비를 줄여야 한다.
7. 군포(軍布)에 대한 족징(族徵)과 인징(隣徵)을 금지해야 한다.
8. 공노비의 선상(選上)을 개선하여 부담을 줄여야 한다.
9. 사창제(社倉制)를 실시하여 빈민을 구제해야 한다.

율곡 이이는 이 당시 조선 사회의 병폐에 대해 깊은 관심을 가지고 있었고, 이것을 개선하고 개혁하고자 했다. 하지만 그의 개혁은 급진적인 것은 아니었다. 그래서 그의 개혁은 급진적이고 행동파적인 것보다는 하나씩 차근차근 미래를 준비해야 한다는 미래학자에 가까운 모습이었다.

그가 기묘사화로 희생된 조광조의 개혁 정신에 찬성하면서도 조광조가 선택한 방법이 너무 급진적이고 행동파에 가까운 것에 대해서는 찬성하지 않았다는 사실을 보아도 그의 학자다운 면모를 느낄 수 있다.

책을 많이 읽으면 의식과 사고가 남달라진다. 그래서 남들이 보지 못하는 것도 보게 되고, 그래서 미래를 내다 볼 수 있다고 다른 사람들이 그렇게 평가하는 경우가 적지 않다. 그런데 율곡은 정말 천재인 듯 하다.

그는 어려서부터 총명했다. 그래서 서너 살 때부터 공부를 시작해 글을 배우기 시작했고, 4살 때는 [사략(史略)]을 읽다가 시골 훈장이 구두를 잘못 떼어 읽는 것을 지적하기도 했고, 7살 때는 미래에 화를 불러올 인물에 대해 예언하기도 했다.

[율곡 이이](황의동)란 책을 보면, 이러한 대목이 나온다.

"율곡은 7살 때, 이웃에 살던 진복창(陳復昌)이란 사람을 대상으로 삼아 이른바 [진복창전(陳復昌傳)]을 짓고, 그 속에서 "이 사람이 벼슬자리를 얻게 된다면, 나중에 닥칠 걱정이 어찌 한이 있으랴."라고 했는데, 그의 예언대로 진복창은 훗날 윤원형(尹元衡)과 함께 을사사화(乙巳士禍)의 주역으로 비난을 받는다." 〈황의동, [율곡 이이], 27~28쪽〉

겉으로 꾸미는 말과 자랑하는 것을 경계하라

율곡 이이는 글 쓰는 것을 도의 말단이라고 말하면서, 남에게 호감을 사기 위해 번지르르한 말을 사용하여 겉으로 꾸미는 말만 하고, 세상에 자기 재주나 자랑하는 것을 경계했다. 그래서 글을 솜씨 있게 잘 짓기는 해도 근본적인 도에서 벗어나고, 말만 많고 이치에 거스르고, 말은 막히지 않아도 뜻이 막히는 것들이 속유가 하는 행동이라고 말하며 경계했다.

속유(俗儒)란 식견이나 행실이 변변하지 못한 선비를 일컫는 말이다. 그래서 성현의 글과 송유의 글에는 분명한 차이가 있다고 다음과 같이 말한 적이 있다.

"도(道)가 나타난 것이 글(文)이니, 도는 글의 근본이며 글은 도의 말단입니다. 근본을 중심에 두고 말단을 포함하는 것은 성현의 글이요, 말단만 일삼고 근본은 일삼지 않는 것은 속유(俗儒)의 글입니다. 옛 학자들은 반드시 먼저 도를 밝혀 마음에 얻은 것이 있으면 행동으로 옮겼으며, 말에 나타난 것은 모두 도가 나타난 것이었습니다. 그러므로 말이 간략하여도 이치가 타당하고 알아듣기 쉬우며 뜻이 깊어, 마침내 도덕과 인의(仁義)를 윤택하게 하여 빛냈으니 이것이 성현의 글입니다. 후세의 학자들은 실리(實理)를 구하지 않고 실속 없는 꾸밈만 숭상하여, 마음에 얻은 것 없이 겉으로 꾸미는 말만 하여 남의 호감이나 사고 세상에 자기 재주나 자랑합니다. 그러므로 글을 솜씨 있게 짓기는 해도 도의에서 벗어나고, 말만 많고 이치에는 거스르며, 말은 막히지 않아도 뜻이 막히니, 이것이 속유의 글입니다."〈김태완, [율곡문답], 55쪽〉

지금 이 시대에도 학자들이 경계해야 할 것들이 바로 율곡 이이가 말한 것이 아닐까? 라는 생각이 든다. 조금만 배우고, 조금만 뭔가를 깨닫게 되면 사람들은 그것을 입 밖으로 떠들어 대면서 자랑하기에 온 힘을 다 쏟는다.

율곡 이이가 말한 이 대목에 필자는 동감하지 않을 수 없다. 한국 사회에 보면 정말 스스로를 성장시키고 발전시키기 위해 평생을 공부하며 지독하게 자신을 향상시켜 나가는 사람은 찾아보기 힘들 정도이기 때문이다.

반대로 그저 사람들의 마음을 사로잡는 번지르르한 말을 사용하여 겉만 꾸미는 그런 말을 하여 대중적인 인기를 한 몸에 받고 있는 그런 유명 작가들이 적지 않다. 더 큰 문제들은 그런 유명 작가들이 자신을 향상시키고 발전시키기 위해 스스로 더욱 더 많은 공부를 하고 책을 보려고 하지 않고 자신의 인기에 취하여 그 인기 때문에 더 이상의 학문적인 노력이나 성장을 하지 않는다는 것이다.

공부가 힘든 이유는 잘못된 습관 때문이다

율곡 이이는 사람이 공부에 뜻을 두고 있음에도 실천하지 못하여 학문을 이루지 못하는 이유로 잘못된 오래된 습관 때문이라고 말을 한 적이 있다.

"사람이 비록 공부하겠다는 뜻을 가지고 있으면서도 용감하게 앞으로 나아가 학문을 이루지 못하는 것은, 오래된 습관이 가로막아 방해하기 때문이다."〈박희병, [선인들의 공부법], 122쪽, [격몽요결] 중에서〉

율곡 이이가 오래된 습관의 조목으로 열거한 것은 크게 여덟 가지이다. 그 밖의 것들은 일일이 다 들기 어려울 것이다. 그가 열거한 여덟 가지 오래된 습관을 살펴보자.

"첫째. 마음과 뜻을 게을리 하고 몸가짐을 함부로 하면서 한가롭고 편안한 것만 생각하고 자신을 단속함을 몹시 싫어하는 것.

둘째. 항상 돌아다니기만 생각하여 조용히 안정하지 못하고, 분주히 드나들면서 이야기로 세월을 보내는 것.

셋째. 자신과 같은 부류를 좋아하고 다른 부류를 미워하며, 시속(時俗)에 빠져 있고, 이런 자신을 조금 고쳐보려 하다가도 무리로부터 따돌림을 받을까 두려워하는 것.

넷째. 글로써 시류(時流)에 칭찬받기를 좋아하고, 경전의 글귀를 표절하여 문장을 꾸미는 것.

다섯째. 편지 쓰기에 공을 들이고, 거문고를 타거나 술 마시는 데 탐닉하여 빈둥빈둥 세월을 보내면서 스스로 그것이 맑은 운치라고 말하는 것.

여섯째. 한가한 사람들을 모아 바둑이나 장기 두기를 좋아하고, 종일토록 배불리 먹으면서 논쟁만 일삼는 것.

일곱. 재산이 많고 지위가 높은 것을 부러워하고 가난하고 지체가 낮은 것을 싫어하여, 베옷을 입고 거친 음식을 먹는 것을 몹시 부끄럽게 여기는 것.

여덟째. 욕심에 절도가 없어 능히 끊어버리거나 절제하지 못하고 돈과 노래와 여색에 빠져 그 맛을 꿀맛처럼 여기는 것."

〈박희병, [선인들의 공부법], 119쪽, [격몽요결] 중에서〉

율곡 이이가 말한 여덟 가지 습관을 간단하게 현대식으로 바꾸어 보면 이렇다. 이것만 명심해도 좋을 것 같다.

첫째. 시간 관리를 철저히 하여 시간 낭비를 조심할 것.

둘째. 조용히 앉아 자기만의 성찰과 발전의 시간을 가질 것.

셋째. 편을 가르지 말고 자신과 다른 사람도 인정해 주고 포용할 것.

넷째. 번지르르한 글로 자신을 포장하지 말 것.

다섯째. 음주가무에 너무 많은 시간을 뺏기지 말 것.

여섯째. 한가한 사람들과 어울려 잡담하는 것을 경계할 것.

일곱째. 부자를 부러워하지 말고, 가난한 것을 부끄럽게 생각하지 말 것.

여덟째. 돈과 명성에 대한 욕심을 버리고 절제할 것.

율곡 이이가 습관의 병폐를 이야기하는 하는 이유는 오래되고 잘못된 습관이 의지를 약하게 하고 행동을 철저하게 하도록 하지 못하게 해서 갈수록 나쁜 습관에 길들여지기 때문이다. 그렇기 때문에 공부를 하는 사람들은 수시로 크게 반성하여 노력을 기울여서 나쁜 습관이 고쳐지도록 해야 한다는 것을 주의하고 있는 것이다.

"이러한 습관은 사람의 뜻을 굳고 단단하지 못하게 하고 행동을 독실하게 하지 못하게 해서, 오늘 한 것을 다음날에 고치기 어렵게 하고 아침에 그 행동을 뉘우쳤다가도 저녁에는 다시 그래도 하게 한다. 그러므로 반드시 용맹스런 뜻을 크게 떨쳐 마치 단칼로 뿌리와 줄기를 베어버리듯 하고, 그 마음을 깨끗이 씻어 털끝만한 것도 남기지 않으며, 수시로 크게 반성하는 노력을 더하여 마음에 한 점도 나쁜 습관이 남아 있지 않게 해야 한다. 그런 다음에야 학문에 나아가는 공부에 대해 말할 수 있을 것이다."〈박희병, [선인들의 공부법], 123쪽, [격몽요결] 중에서〉

공부하는 사람이 죽을 때 까지 해야 할 세 가지

율곡 이이는 공부하는 사람이 죽을 때 까지 해야 할 세 가지 일을 다음과 같이 말하고 있다.

"삼가 마음을 길러 근본을 세우고(居敬) 사물의 이치를 궁구하여(窮理) 선을 밝히며, 힘써 행하여 실천하는 것(力行), 이 세 가지는 공부하는 사람이 죽을 때까지 해야 할 일이다."〈박희병, [선인들의 공부법], 131쪽, [격몽요결] 중에서〉

즉 율곡 이이가 말한 공부하는 사람이 죽을 때까지 지켜 해야 할 세 가지는 몸과 마음과 관련이 있다. 한 마디로, 거경은 마음 수양의 의미와 가깝고, 궁리는 진리와 이치 탐구, 그리고 역행은 몸으로 실천하는 것과 가까운 의미라고 정리하면 될 것 같다.

율곡 이이가 말한 공부하는 사람이 죽을 때 까지 해야 할 세 가지 일을 정리하면 이렇다.

1. 거경 _ 마음 수양.

2. 궁리 _ 이치 탐구.

3. 역행 _ 몸 실천.

그런데 여기서 거경궁리(居敬窮理)는 중국의 성리학 해설서인 근사록(近思錄)을 일관하는 이념이라고 할 수 있다. '근사'란 자하(子夏)가 '간절하게 묻고 가까이서 생각한 것(切問近思)'에서 따온 것이며, '인간들이 날마다 쓰는 것(人倫日用)'과 서로 밀접하게 관련된 사상이다.

율곡 이이가 일상 속에서 공부를 해야 한다고 강조한 것도 이와 다르지 않다고 할 수 있다. 날마다 사용하고 날마다 해야 하는 것 속에 결국 공부가 있기 때문이라고 필자는 생각한다.

율곡 이이 선생이 얼마나 지독하게 그리고 철저하게 마음을 수양하고 관리하는 일과 몸으로 올바른 생활을 실천하는 것에 집중하면서 가르쳤는지를 [격몽요결]에서 쉽게 자주 찾아 볼 수 있다.

"일이 있으면 사리에 맞게 처리하고, 책을 읽을 때는 성실한 마음으로 이치를 궁구해야 한다. 그 외에는 늘 고요히 앉아 마음을 가다듬어서 아무런 잡념이 일어나지 않도록 하고, 정신이 맑아 혼매함이 없도록 해야 한다. 이른바 '공경으로써 마음을 바르게 한다'라는 것이 이런 것이다."
〈박희병, [선인들의 공부법], 130쪽, [격몽요결] 중에서〉

그는 또 이런 말도 했다.

"마땅히 몸과 마음을 바르게 가져 겉과 속이 한결같게 하고, 그윽한 데 있더라도 드러난 곳에 있을 때와 같이 하고, 혼자 있더라도 여러 사람과 함께 있을 때와 같이 하여, 자신의 마음을 저 푸른 하늘의 밝은 해처럼 남들이 환히 볼 수 있게 해야 한다."〈박희병, [선인들의 공부법], 130~131쪽, [격몽요결] 중에서〉

결국 율곡 이이의 주장은 공부는 평생 해야 하는 것이며, 공부는 절대로 일상생활에서 벗어나서 생각할 수 없는 것이기에, 습관, 몸, 마음, 생각, 행동, 일과 같은 것들을 제대로 하고 향상시키는 것, 진심으로 대하는 것이 또한 공부라는 것이다.

하지만 그러면서도 율곡 이이는 사물의 이치를 궁구하기 위해서는 무엇보다도 먼저 책을 읽어야 한다는 사실을 강조했다. 책 속에 모든 것들이 들어 있기 때문이라는 것이다.

"공부하는 사람은 항상 그 마음을 학문에 두어야지 다른 일에 얽매여서는 안 된다. 반드시 사물의 이치를 궁구하여 선이 무엇인지 분명히 안 다음에야 마땅히 나아갈 길이 앞에 환히 나타나서 차차 발전하게 된다. 그러므로 도에 들어가기 위해서는 무엇보다도 먼저 사물의 이치를 궁구해야 하며, 사물의 이치를 궁구하기 위해서는 무엇보다도 먼저 책을 읽어야 한다. 성현이 마음을 쓴 자취와 본받아야 할 선과 경계해야 할 악이 모두 책 속에 들어 있기 때문이다."〈박희병, [선인들의 공부법], 131쪽, [격몽요결] 중에서〉

율곡 이이는 공부하는 사람이 죽을 때 까지 해야 할 세 가지로 거경, 궁리, 역행을 말했는데 이것이 전부가 아니었다. 그는 공부하는 선비가 세상에 태어났다면, 반드시 경제에다 마음을 두어야 한다고 〈동호문답〉에서 밝힌 적이 있다.

"선비가 세상에 태어나매, 그들은 반드시 경제에다 마음을 두고 있어야 하는 것이니…"〈[동호문답]중에서, 정광호, [선비, 소신과 처신의 삶], 3쪽〉

즉 다시 말해 율곡 이이가 보는 선비관은 한 마디로 세상을 다스리고 백성을 건지는 일을 하여 세상을 세상답게 만들어야 하는 책무를 걸머지고 있는 사람이며, 그렇기 때문에 백성들의 삶과 가장 직결되는 경제에다 항상 마음을 쓰는 사람이어야 한다는 것이다.

율곡 이이가 세상을 세상답게 만들어야 하는 책무를 걸머지고 있어야 선비라고 하는 이유도 역시 역행의 의미를 확장시킨 것이라고 필자는 생각한다. 배우고 깨달은 것을 통해 백성과 생활에 실천하고 적용하여 잘 살게 하는 것이 바로 경제의 본질적인 의미이기 때문일 것이다.

율곡 이이의 독서법_숙독하고 통달하라

율곡 이이는 사물의 이치를 궁구하고, 선과 악을 파악하고, 성현의 뜻을 알기 위해 무엇보다도 먼저 책을 읽어야 할 것을 강조했다. 그렇다면 그의 독서법은 어떤 것이었을까? 그는 어떤 식으로 책을 읽었을까?

필자가 그의 독서 모습을 살펴 본 후 내린 결론, 즉 그의 독서법은 한마디로 '숙독하고 통달하는 독서법'이었다. 그가 경계한 독서법은 입으로만 읽고, 많은 지식을 얻고자 탐독하는 것이었다.

책을 읽었으면 반드시 통달해야 하고, 마음으로 체득하여 몸으로 실행하는데 까지 나아가야 한다고 그는 강조한다.

그가 독서법에 대해 [격몽요결]에서 밝힌 여러 가지 주장들을 살펴보자.

"무릇 책을 읽는 사람은 반드시 단정히 앉아 삼가 공경하여 책을 대하며, 마음을 오로지하고 뜻을 극진히 하여 글의 의미를 정밀하게 이해하고 깊이 생각할 것이며, 구절마다 반드시 실천할 방법을 찾아야 한다. 만일 입으로만 읽어서 마음으로 체득하지 못하고 몸으로 실행하지 못한다면, 책은 책이고 나는 나니 무슨 이로움이 있겠는가?"〈박희병, [선인들의 공부법], 133쪽, [격몽요결] 중에서〉

율곡 선생이 경계한 독서법은 '책은 책이고, 나는 나다'라고 하는 식으로 책을 읽어도 그저 생각이나 행동이 조금도 바뀌지 않고, 그저 지식의 축적과 습득만을 일삼은 독서라고 할 수 있다. 그리고 이렇게 지식의 습득을 위해서만 책을 읽게 되면 결국 겉으로 꾸미는 말을 많이 하게 되고, 자랑하게 되고, 읽은 척을 하게 되는 것이다.

하지만 마음으로 체득하고 몸으로 실행하면, 생각과 행동이 변화가 되었다는 것을 알 수 있고, 결국 이런 독서를 하는 사람은 인생이 달라지게 되는 것이라고 필자는 생각한다.

"책을 읽을 때는 반드시 한 가지 책을 숙독하여 그 뜻을 다 알아서 완전히 통달하고 의문이 없게 된 다음에야 다른 책을 읽을 것이요. 많은 책을 읽어서 많이 얻기를 탐내어 부산하게 이것 저것 읽지 말아야 한다." 〈박희병, [선인들의 공부법], 133쪽, [격몽요결] 중에서〉

'한 가지 책을 완전하게 이해하고 숙독하고, 완전히 통달하여 의문이 없도록 할 때 까지 읽는 것'

이것이 바로 율곡 이이 선생의 독서법이라고 필자가 생각하는 것이다.

하지만 필자는 지금 이 시대에는 이런 독서법이 비효율적인 독서법이라고 생각한다. 왜냐하면 그 당시에는 참고할 수 있는 책들을 쉽게 구하기도 힘들고, 책들도 많지 않았지만 지금은 참고할 책들이 너무나 많고, 구하기도 너무나 쉽고, 너무나 다양한 작가들과 학자들의 방대한 의견과 주장들이 넘쳐나기 때문에 책 한 권을 숙독하고 통달할 정도로 깊이 파는 것은 결국 비효율적인 것이라고 생각이 든다.

그 시간과 노력을 다양한 주장과 견해를 펼치는 다양한 학자들의 책들을 섭렵하면 사고가 좀 더 유연해질 수 있고, 창조는 결국 서로 다른 생각과 아이디어들이 교차하고 섞이고 엮이면서 발생하는 것이라고 필자는 생각하기 때문이다.

상대적으로 책의 양이나 수가 매우 작았던 조선 시대에는 책 한 권을 가지고 암기할 정도로, 그리고 숙독하고 통달할 정도로 읽는 것은 어쩌면 당연하고 바람직한 독서법이었을 것이다.

남명 조식(南冥 曺植) / 1501~1572년

"학문을 넓게 배우되, 이를 자기 것으로 소화해서 그것에 힘입어 자신의 경지를 높이고 그 높은 경지에서 모든 사물을 환히 내려다 보는 고명(高明)이 있고서야 행함이 도에 어긋나지 않고 세상의 쓰임에 이롭지 않은 것이 없다."

"공부하는 사람은 잠을 많이 자서는 안 된다. 사색하는 공부는 밤에 더욱 온전히 되기 때문이다."

"학문이란 모름지기 스스로 깨침을 귀하게 여긴다. 한갓 책에 의존하여 알게 된 이치일 뿐이고 자기 마음속에서 참되이 깨달은게 아니라면, 결국 아무 소용이 없다. 마음속에서 참되이 깨달은 것은 입으로 말하기 어렵다. 그러므로 학자는 말 잘하는 것을 귀하게 여기지 않는다."

"요즘 공부하는 자들을 보면, 생활 속의 작은 일들은 몸소 실천 할 줄 모르면서 입으로만 천리(天理)를 말해 명성이나 얻고 남을 속이려 한다."

◆ 남명 조식 ◆
항상 깨어 사색하는 공부를 하라

박문약례(博文約禮)한 학자

남명 조식 선생을 한 마디로 평가한다면 널리 학문을 닦아 사리에 밝고 예절을 잘 지킨 학자라고 할 수 있다. 이것을 우리는 박문약례(博文約禮)라고 한다. 그는 아무리 학문을 많이 했다고 떠들어 대도 자득한 것이 없으면 헛공부라고 경고했다.

그는 학문을 통해 사리에 밝아야 행함이 예와 도에 어긋나지 않을 수 있다고 말한다. 그래서 그가 학문을 통해 얻고자 했던 것은 자기 것으로 소화시켜 식견을 높이고 자신의 경지를 높여서 행함이 세상의 쓰임에 이롭지 않은 것이 없도록 하는 것이었다고 말할 수 있다.

그의 [남명선생문집]에 보면 이런 대목이 나온다.

"학문을 넓게 배우되, 이를 자기 것으로 소화해서 그것에 힘입어 자신의 경지를 높이고 그 높은 경지에서 모든 사물을 환히 내려다보는 고명(高明)이 있고서야 행함이 도에 어긋나지 않고 세상의 쓰임에 이롭지 않은 것이 없다."〈[남명선생문집](별집), 권2, 186쪽, (김충열, [남명 조식의 학문과 선비정신], 57쪽)〉

조선 중기 도학자인 남명(南冥) 조식(曺植)은 잠을 많이 자지 말고 항상 깨어 공부하라고 말했다. 그의 문인이나 사숙인(私淑人)의 문집에 보면 이런 내용의 그의 말을 자주 접할 수 있다.

"잠을 많이 자지 말라. 사색공부는 밤에 더욱 전일하게 해야 한다."〈최석기, [우리가 꼭 알아야 할 공부], 217쪽, (이익, [성호전집] 권8)〉

[남명집]에 보면 더 자세하게 나와 있음을 알 수 있다.

"공부하는 사람은 잠을 많이 자서는 안 된다. 사색하는 공부는 밤에 더욱 온전히 되기 때문이다."〈박희병, [선인들의 공부법], 112쪽, [남명집] 중에서〉

남명 조식 선생은 잠을 많이 자는 것을 경계했다. 그러면서 잠을 많이 자지 말고 그 시간에 사색공부를 하라고 강조했다는 점이 독특하다고 할 수 있다. 보통 공부라면 책을 통한 공부라 가장 일반적일 것이다. 하지만 그는 사색을 통한 공부를 강조했다.

남명 선생은 공부하여 깨달은 이치를 반드시 일상생활 속에서 실천을 강조한 학자였다. 그래서 나라가 풍전등하風前燈下의 위기일 때 나라를 구하기 위해 자신의 목숨을 건 의병장들 중에 많은 이들이 그의 제자였던 것은 우연한 일이 아니라고 볼 수 있다. 그에 대해 평가하는 대목을 살펴보면 이러한 사실을 잘 알 수 있을 것이다.

"그는 공부란 일상생활 속에서 이루어지며, 또한 공부하여 깨달은 이치를 반드시 일상생활 속에서 실천해야 한다고 생각하였다. 이 때문에 퇴계 문하의 학풍이 형이상학적 논의에 치중하는 경향을 보이는 데 대해 엄중한 비판을 가하기도 하였다. 임진왜란 때 곽재우를 비롯해 수많은 의병장들이 그의 문하에서 나온 것은 의와 실천을 강조한 학풍 때문이었던 것이다."〈박희병, [선인들의 공부법], 108쪽 중에서〉

그가 박문약례한 학자라는 사실을 확실하게 알 수 있는 대목이 아닐 수 없다.

사색하는 공부를 강조하다

조선 시대 성리학자들은 무엇보다도 사색 공부를 그렇게 강조한 것 같지는 않다. 하지만 남명 조식은 아닌 것 같다. 사색 공부를 강조한 대표적인 인물이 바로 남명 조식 선생인 듯하다. 그가 그렇게 사색 공부를 강조한 이유는 진리 탐구가 아니라 '자기 실천', '자기 체득' 때문이라는 점이 특별하다고 할 수 있다.

이러한 사실에 대해 최석기 교수는 다음과 같이 설명하고 있다.

"16세기 남명 조식은 자득(自得)을 매우 중시하여 밤에 사색할 것을 강조하였는데, 이는 지식을 실천하기 위한 체득을 염두에 두었기 때문이다. 따라서 조식이 사색을 중시한 것은 진리 자체의 탐구를 위한 것이 아니라, 피상적 지식의 자기화를 위한 것이었다."〈최석기, [우리가 꼭 알아야 할 공부], 213쪽〉

이렇게 사색을 강조한 위인들이 적지 않다는 사실을 살펴볼 때 사색하는 공부를 게을리 해서는 안 될 것 같다.

[논어]를 보면 공자가 '배우고 생각하지 않으면 어둡고, 생각만 하고 배우지 않으면 위태하다'라고 말을 한 적이 있음을 알 수 있다. 그리고 맹자도 역시 공자의 이 말과 비슷한 말을 한 적이 있다. 그는 [맹자]라는 책을 통해 '생각하면 얻고 생각하지 않으면 얻지 못하게 된다(思則得之 不思則不得也).'라고 말한 적이 있다.

　서양의 대문호인 톨스토이도 역시 사색의 중요성을 강조한 위인이다.

　"기억에 의해서가 아니라 사색에 의해서 얻어진 것만이 참된 지식이다."

　프랜시스 베이컨도 사색을 위한 독서를 강조했다.

　"반대하거나 논쟁하기 위해 독서하지 말라. 그렇다고 해서 있는 그대로 수용하기 위해서도 독서하지 말라. 그저 자신이 생각하고 연구하기 위해서 독서하라."

　독서와 공부의 중요한 핵심 중에 하나가 사색이라는 것을 강조하고 있는 위인들은 적지 않다.

　'생각하지 않고 읽는 것은 씹지 않고 식사하는 것과 같다.'라고 E. 버크가 말했다.

　'독서는 다만 지식의 재료를 줄 뿐, 그 자신의 것을 만드는 것은 사색의 힘이다.'라고 로크도 덧붙였다. 여기에 마크 트웨인도 한 몫을 했다.

　'당신에게 가장 필요한 책은 당신으로 하여금 가장 많이 생각하게 하는 책이다.' 남명 선생이 사색하는 공부를 강조했다고 해서 사색하여 이치를 깨닫게 되는 것이 그의 공부의 전부라고 생각하는 것은 성급한 결론이라고 할 수 있다. 그는 누구보다 실천을 강조했고, 하늘의 이치를 깨닫는 것과 함께 사람의 일을 돌아보는 것도 매우 중요한 것이기 때문에 버려서는 안 된다고 강조한 학자이기 때문이다.

"아래로 사람의 일을 배운 다음, 위로 하늘의 이치에 통하는 것이 학문에 나아가는 올바른 순서이다. 사람의 일을 버리고 하늘의 이치만 말하는 것은 입에 발린 이치이고, 스스로를 돌이켜 보지 않고 지식만 주워 모으는 것은 진정한 학문이 아니다."〈박희병, [선인들의 공부법], 111쪽, [남명집] 중에서〉

그렇다면 남명 선생이 사색을 강조한 이유는 사색을 통해 사람의 일과 하늘의 일을 모두 깨닫고 실천해 나가는데 시행착오를 줄이기 위한 것이라고 생각해도 될 것 같다.

가르치기 위한 공부보다는 완성을 위한 공부를 하라

남명 조식 선생이 추구해 온 공부를 보면 남에게 가르치기 위한 공부보다는 자기 자신의 학문적 완성을 위한 공부를 평생 해 오면서 추구해 왔음을 알게 되고 놀라지 않을 수 없다.

지금 이 세상에는 조금만 배우고, 빨리 배워서, 그것을 가지고 평생 사용해 먹고, 그것을 가지고 남들을 가르치는 그런 사람들이 적지 않다. 그래서 과거처럼 깊고 진지한 학자들이 많지 않은 것인지도 모른다.

너무 빠르게 변하는 세상의 단편적인 현상인지도 모른다. 하지만 조선 시대 선비들은, 최소한 참된 공부를 추구했던 선비들은 그렇지 않았다. 대표적인 인물이 바로 남명 조식이다.

남명 조식 선생은 61세라는 나이에도 불구하고 자신의 학문을 완성시키기 위해 지리산 천왕봉이 바라보이는 덕산(德山)으로 이사를 했다고 한다. 천왕봉을 도반으로 삼아 말년이라도 더 공부에 정진하고자 하였던 것이다. 이런 사실에 대해 최석기 박사는 자신의 저서인 [우리가 꼭 알아야 할 공부]라는 책에서 이렇게 말하고 있다.

"남명 조식이 61세에 공부를 새롭게 하기 위해 천왕봉이 보이는 산속으로 찾아들었다는 감동적인 이야기를 접하면서, 나는 정신이 번쩍 들었다. 나도 61세가 되어 남들에게 가르치기보다는 공부의 완성을 위해 새로운 변화를 추구할 수 있을까? 5백 년 전, 61세는 지금의 71세와 마찬가지이다. 정년퇴직을 하고 다시 자신을 새롭게 하는 공부를 하겠다고 새로운 다짐을 하는 사람이 지금 세상에는 얼마나 될까?"〈최석기, [우리가 꼭 알아야 할 공부], 258쪽〉

그의 말처럼, 남들에게 가르치기 위한 공부, 먹고 살기 위한 공부, 성공하기 위한 공부, 돈을 벌기 위해 재테크를 위한 공부를 하는 사람들이 거의 대부분인 현실에서 공부의 완성을 위해 이사를 하고 새로운 변화를 추구한다는 것은 정말 놀라운 일이 아닐 수 없다.

우리 후손들이 배워야 할 것은 이런 공부에 대한 끝없는 진지한 자세와 순수한 공부에 대한 열정일 것이다. 남명 선생은 남에게 가르치고, 말을 잘 하는 것을 귀하게 여기지 않았다. 가장 중요한 공부는 스스로 깨우치는 것이라고 생각했기 때문이다.

"학문이란 모름지기 스스로 깨침을 귀하게 여긴다. 한갓 책에 의존하여 알게 된 이치일 뿐이고 자기 마음속에서 참되이 깨달은 게 아니라면,

결국 아무 소용이 없다. 마음속에서 참되이 깨달은 것은 입으로 말하기 어렵다. 그러므로 학자는 말 잘하는 것을 귀하게 여기지 않는다."〈박희병, [선인들의 공부법], 112~113쪽, [남명집] 중에서〉

즉 마음속에서 참되이 깨달은 것만이 자신의 완성에 도움이 된다고 생각할 수 있다. 지금 현대 사회에서는 어떻게 하면 남들한테 더 잘 보이고, 더 잘 말을 할까에 집중하는 경향이 있다. 너무 얄팍한 시대가 되었다. 그래서 스피치 코칭이나 스피치 학원이 유행하고 있는 것인지도 모른다.

남에게 가르치거나 잘 말하기 위해서 스피치 학원을 다닐 시간과 노력을 스스로 완성을 하기 위한 공부에 투자하는 것이 백 배 더 나은 것이 아닐까 생각해 본다.

성성자(惺惺子)를 이용한 심성수양 공부를 하다

남명 조식 선생의 공부 방법 중에 독특한 점은 쇠방울을 이용하여 항상 자신의 마음을 경각시켰다는 것이다. 그는 항상 쇠방울을 차고 다니면서 자신의 마음을 깨웠던 것이다.

마음이 언제나 나태해지거나 잠을 자지 않고, 밤하늘의 별처럼 반짝반짝 빛나도록 하기 위해 바로 그런 의미를 가진 단어인 성성(惺惺)이란 이름을 사용하여 쇠방울 이름을 '성성자'라는 이름을 붙이고, 그것을 항상 몸에 차고 다니면서 잠시도 흐트러진 마음을 용납하지 않았고, 그것을 경계했던 인물이다.

후대의 조선 선비였던 성호 이익 선생은 남명 조식 선생이 위대한 학자가 될 수 있었던 이유가 바로 이러한 성성자 때문이었다고 평가했다. 성호 이익 선생이 남명 조식 선생에 대해 이야기한 부분을 살펴보면 이러한 사실을 잘 알 수 있다.

"성성자여! 대인 선생이 공경하고 존중하시던 것.
마음이 있으면 입으로 하는 말에 허물이 있나니,
마음이 움직일 때 반드시 살펴야 하고,
살필 적에는 반드시 말을 살펴야 하네.
움직일 때 살피면 두려움을 알게 되어,
말하는 것도 이에 두려워하게 되지.
처음부터 움직임을 따라 고쳐 나가길 구해야,
끝내 허물이 없기를 기약할 수 있으리.
밖으로 신체를 단속하지 않으면서,
어찌 안으로 마음을 곧게 하길 바라랴.
쥐가 쥐구멍을 지키며 움직이지 않듯,
닭이 알을 품고 그 마음을 잊지 않듯,
군자가 정중하게 움직일 때 옥이 울리듯,
쟁반에 물이 가득 찬 그릇을 받들 듯,
정(靜)을 주로 함을 근본으로 삼아야,
본체가 확립되고 작용이 행해지리,
우뚝하니 빛나는 선생의 기상과 절개,
연못에 임한 듯 살얼음을 밟는 듯한 데서 길러진 것.
행동거지에 조금의 잘못이라도 있으면,

문득 마음에서 먼저 경계를 하셨네.

밥 먹을 정도의 짧은 시간에도 어김이 없었고,

어려운 상황 속에서도 여기에 마음을 두셨네.

선생이 선생이 되신 까닭,

오직 이 성성자 때문이리."

〈최석기, [우리가 꼭 알아야 할 공부], 260~261쪽, (이익, [성호전집], 권8,〈성성자〉〉

이 세상에 이런 도구를 사용하여 자신의 수양 공부의 경계를 삼았던 인물은 보기 드물 것이다. 이만큼 우리 선조들은 철저하게 자신을 관리하며 철저한 공부를 했던 것이다.

필자는 남명 조식 선생의 공부하는 자세를 이러한 그들을 통해 좀 더 현대적으로 표현하고 싶었다. 그래서 필자는 이렇게 말하고 싶다.

'닭이 알을 품듯이 공부하라.'

닭이 알을 품듯이 지극 정성을 다해 공부하는 그런 공부의 자세를 필자는 남명 조식 선생을 통해 배울 수 있었던 것이다.

남명 조식이 어느 날 이 방울을 제자에게 주며 다음과 같은 말을 했다고 한다.

"이것의 맑은 소리가 깨우침을 주니 사람들이 모두 차고 다니면 좋겠다. 나는 이 방울을 귀중한 보배로 알고 항상 허리에 차고 다닌다. 조금만 움직여도 소리가 나니, 나는 방울소리가 날 때마다 늘 조심하며 내 자신을 꾸짖어왔다. 내가 이 방울을 심히 공경하고 두려워하고 있으니 너도 이 방울에게 죄를 얻지 말라."〈이용범, [인생의 참스승, 선비], 66쪽〉

칼을 차고 다닌 선비

남명 조식은 선비였지만 칼을 차고 다닌 선비였다. 그리고 늘 방에 앉아 사색을 할 때 졸음이 오면 칼을 어루만지며 졸음을 쫓았다. 그런데 그 칼에는 다음과 같은 글자가 새겨져 있었다고 한다.

"안에서 나를 깨우치는 것은 경이요(內明者敬), 밖에서 결단하는 것은 의다(外斷者義)."

한 마디로 서릿발 같은 선비의 기상과 스스로 경계를 하기 위한 또 다른 하나의 도구로 칼을 사용하고 있다는 것을 알 수 있다.

[조선왕조실록]의 [졸기]를 보면 남명 선생의 공부하는 모습과 기강을 알 수 있는 대목이 나온다.

"조용한 방에 단정히 앉아 칼로 턱을 고이는가 하면 허리춤에 방울을 차고 스스로 행동을 조심하여 밤에도 정신을 흐트린 적이 없었다. 한가로이 지낸 세월이 오래되자 사욕과 잡념이 깨끗이 씻겨 천 길 높이 우뚝 선 기상이 있었고, 꼿꼿한 절개로 악을 미워하여 선량하지 않은 향인(향인)은 엄격하게 멀리했기 때문에 향인이 감히 접근하지 못했으며, 오직 학도들만이 종유하였다."〈이수광, [공부에 미친 16인의 조선 선비들], 53쪽, ([조선왕조실록] [졸기])〉

이렇게 스스로를 쇠방울과 칼을 차고 다니면서 경계를 하면서 공부를 했던 남명 조식이 사관들로 하여금 높은 평가를 받는 것은 어쩌면 당연한 일인지도 모른다. 그에 대한 사관들의 평가를 살펴보자.

"조식은 숨어 사는 선비로 시골에 살고 있다. 비록 작록(爵祿) 보기를 뜬구름같이 여겼지만, 오히려 임금은 잊어버리지 않았다. 정성스럽게 나라를 근심하는 마음이 언사에 드러났고 간절하고 강직하여 회피하지 않았으니, 명성을 거짓으로 얻은 자가 아니라고 할 만하다.

세도가 쇠미해져서 염치가 모두 사라지고 기개와 절조가 쓸어버린 듯하여, 유일(遺逸 : 유능한 사람이 등용되지 않아 세상에 나타나지 않음)이란 이름을 칭탁하고 공명을 낚는 자가 참으로 많은데, 어질도다, 조식이여!

몸가짐을 조심스럽고 조촐하게 하며 초야에서 빛을 감추었지만, 난초와 같은 향기는 저절로 알려지고 명망은 조정에 전해져서 이미 참봉에 차임(差任)되고 또 주부(主簿)에 임명된 것이 두세 번에 이르렀지만, 모두 머리를 저으며 거절하였다. 지금 이 수령의 직임은 영광이며 특별히 제수한 은혜는 드물다고 하는데도, 가난한 것을 편안히 여기고 스스로 도를 즐기면서 끝까지 벼슬에 나아가려고 하지 않았으니, 그 뜻을 높이 살 만하다." 〈이수광, [공부에 미친 16인의 조선 선비들], 99쪽〉

남에게 보이기 위한 학문을 경계하라

남명 선생은 20대 중반 때 절에서 공부를 하다가 자신의 공부가 헛된 공부였다는 것을 깨닫고 다시는 속된 학문에 마음이 흔들리지 않을 정도로 참된 학문에 매진하기로 뜻을 세운 적이 있다고 한다. 그가 생각하는 속된 학문은 한 마디로 위인지학(爲人之學)이다. 그것은 남에게 보이기 위한 학문이다. 이러한 이야기가 담겨 있는 대목을 살펴보자.

"남명 선생은 26세 때 친구들과 함께 절에서 공부를 하는데, 어느 날 [성리대전]을 읽다가 '이윤의 뜻한 바를 뜻하고 안연의 배운 바를 배워

나아가 벼슬하면 천하에 큰 공을 이룩하고 숨어 학문을 하면 지키는 절조가 있어야 한다.'는 허형의 말에 이르러, '대장부는 마땅히 이와 같아야 한다. 나아가서도 이룩한 일이 없고 묻혀 살아도 지키는 것이 없다면 뜻한 바나 배운 바를 장차 무엇에 쓸 것인가' 하고는, 비로소 여태까지의 공부가 헛된 것이었다는 걸 깨달아 부끄러운 마음으로 등골에 땀이 배었고, 망연자실해서 밤새도록 잠자리에 들지 못했다. 이로 인해 성현의 학문에 매진하기로 뜻을 세우고 맹렬하게 앞만 보고 나아갔으며, 다시는 속된 학문에 의해 마음이 흔들리지 않았다고 한다. ([남명집]참조)."〈최근덕, [우리의 선비는 이렇게 살았다], 23쪽〉

이러한 계기로 남명 조식은 평생 학문에 매진했고, 조정에서 여러 번 벼슬을 내렸지만 단 한 번도 응하지 않았던 것이다. 그의 학문의 경지가 세상에 알려지자 배우려는 사람들이 모여들었지만, 그 때도 출세에는 마음을 두지 않았다.

남명 조식 선생이 깨달은 속된 학문을 지금 우리 후손들도 역시 깨달아야 할 것이다. 남에게 보이기 위한 학문을 할 경우 절대로 학문의 완성이나 성장을 기대할 수 없기 때문이다. 남에게 보이기 위한 학문의 대표적인 사례가 외우고 암기하여 남들 앞에서 말하는 것이라고 할 수 있다.

어떤 지식을 외우고 암기한다고 해서 그것이 공부의 완성이나 공부의 진척은 절대 아니라는 사실을 우리는 알아야 한다. 외우고 암기하는 사람보다는 어떤 사실을 통해 반복적인 사색을 통해 큰 진리를 깨우치는 것이 더 올바른 공부가 아닐까?

남에게 보이기 위한 공부를 하는 사람은 절대로 위대한 학자가 될 수 없을 뿐만 아니라 공부를 통해 깨닫게 되는 것이 아무것도 없게 된다.

독서를 하는 경우에도 이런 이치가 그대로 적용이 된다. 필자에게 많은 사람들이 왜 자기는 책을 많이 읽었는데도 인생이 달라지지 않느냐고 하소연을 하는 경우가 많다. 그때마다 필자는 그분들에게 책을 읽을 때 남에게 보이기 위해 책을 읽거나, 남에게 뒤처지지 않기 위해 책을 읽거나, 남들만큼 교양을 쌓기 위해 책을 읽기 때문이라고 말한다.

물론 독서의 임계점을 돌파하지 못한다면 독서의 효과가 나타나지 않는다. 하지만 그것보다 더 근본적인 이유는 독서를 하게 되는 의도이다. 그 의도가 잘못 되었을 경우 독서를 통해 자신을 성장시키거나 발전시킬 수 없게 된다고 생각한다. 독서를 통해 자신을 향상시키고 완성시켜 나가고자 하는 사람과 그저 독서를 통해 남에게 잘 보이고자 하는 사람의 독서 효과는 격차가 매우 크게 벌어질 수밖에 없을 것이라고 말하고 싶다.

남명 조식 선생의 말처럼, 남에게 보이기 위한 공부를 경계해야 한다. 자신의 진정한 공부 발전을 위해서는 자기 자신의 수양과 성장에 집중해야 한다. 남에게 자랑하고 보이려고 공부를 해서는 절대 안 된다고 경계했다.

"요즘 공부하는 자들을 보면, 생활 속의 작은 일들은 몸소 실천할 줄 모르면서 입으로만 천리(天理)를 말해 명성이나 얻고 남을 속이려 한다."
〈박희병, [선인들의 공부법], 109쪽, [남명집] 중에서〉

결국 실천보다는 남에게 보여서 명성이나 얻으려는 공부를 하는 사람들이 그 당시에도 적지 않았다는 사실을 우리는 반면교사로 삼아야 할 것 같다.

참된 앎을 실천하는 공부를 하다

남명 조식 선생의 공부에 대해 좀 더 심도 있게 알아보자. 그의 공부의 영향력을 알 수 있는 대목들을 다른 책에서도 쉽게 찾아 볼 수 있었다.

"남명 조식, 그는 퇴계와 동시대에 태어나 비범한 생을 살다간 철인(哲人)이다. 1501년 경상도 삼가현 토골에서 태어나 올곧은 처신과 맑은 정신으로 사림의 종장(宗匠)이 된 인물이다. 평생 벼슬길에 오르지 않았으나 조선의 지성계에 큰 획을 그은 수많은 인재가 그의 문하에 구름처럼 몰려들었다. 그의 문하에서 곽재우, 정인홍, 조종도 등 기라성 같은 임란 의병장이 배출되었다. 그 밑바탕에는 얼음처럼 차갑고 개결한 남명 정신이 스며 있다."〈정순우, [공부의 발견], 232~233쪽〉

그로 하여금 평생 벼슬길에도 오르지 않았음에도 조선의 지성계에 큰 획을 그은 수많은 인재들이 구름처럼 몰려들게 한 것은 무엇이었을까?

그것을 필자는 그의 고결한 공부론 때문이었다고 말하고 싶다. 실제로 그의 공부론에 대해 말하는 학자들은 남명 조식 선생의 공부와 삶이 매우 고결했고, 참된 앎을 실천하는 데 까지 나가는 참된 공부였다고 평가하고 있음을 쉽게 발견할 수 있다.

"공부하는 목적이 앎의 추구뿐 아니라 참된 앎을 삶에서 실천하는 것을 함께 의미한다면, 이에 걸맞는 인물은 남명 조식일 것이다. 그는 학문을 알기만 하면 족한 것이 아니라 몸소 실행해 보는 반궁체험(反躬體驗)과 지경실행(持敬實行)이 더욱 중요한 것이라 주장하였다."〈정순우, [공부의 발견], 233쪽〉

남명 조식 선생은 이렇게 참된 앎을 실천하는 공부를 추구했다고 할 수 있다. 그 이유는 평생 벼슬길을 거절했고, 세상에 나가 출세하는 것에 마음을 뺏기지 않고 안빈자락(安貧自樂)할 줄 알았던 학자였기 때문이다.

   선비로서 진정한 자격은 바로 안빈자락이 아니었을까? 글을 읽고 공부하는 선비가 되었다면 최소한 안빈자락할 줄 알아야 한다고 필자는 생각한다. 물론 세상에 나가서 백성과 임금을 위한 활동을 한다고 해서 선비가 아니라고 하는 것은 아니다. 세상에 나가서 자신의 공부를 활용하여 백성과 임금을 위해 헌신하는 경우도 역시 참된 선비의 길이라고 필자는 생각한다. 그런 점에 반드시 정해진 길과 모델은 없다고 할 수 있다. 가장 나쁜 경우는 헛된 공부를 하거나 공부를 했다고 해도 헛된 것에 마음을 빼앗기고, 참된 앎에 대한 실천이 없는 경우라고 할 수 있을 것이다. 이런 측면에서 남명 조식은 참된 선비의 모델이 될 수 있었다고 생각한다.

   "당시 유일(愉逸)에 가탁(假託)하여 실제 학덕을 갖추지 않고 한갓 허명(虛名)으로 이름을 도둑질하고 세상을 속이는 자가 많았다. 그러나 조식은 몸을 바르게 지키고 깨끗함을 보전하여 초야에 묻혀 세상에 드러내려고 하지 않았으나 난초가 절로 향기를 풍기듯, 그 명망이 조정에 전달되어 관직이 누차 제수되었으나 안빈자락하여 끝내 출사하지 않았으니 그 뜻이 가상하도다. 그러나 조식은 세상을 결코 잊지는 않았다."〈정순우, [공부의 발견], 247쪽〉

   물론 그에 대한 평가가 모두 동일할 수는 없다. 율곡의 평가는 매우 박절하기도 했다. 하지만 한 가지 분명한 사실은 시종일관 절개를 지키고 구차하게 복종하지도, 구차하게 침묵하지도 않았으며, 고결하고 깨끗한 삶을 그가 살았다는 사실이다.

성호 이익(星湖 李瀷) / 1681~1763년

"치지(致知)와 함양(涵養)은 둘 다 병행해야 할 공부이다. 그러나 초학자에게는 치지가 먼저다. 치지는 독서하고 궁리하는 것으로 요점을 삼는다. 그러니 어찌 전적으로 함양에만 의존할 것인가?"

"경전을 연구하는 것은 장차 세상에 활용하기 위해서다. 경전에 대해 말하면서 그것을 만사에 활용하지 않는다면 이는 그저 글자를 읽는데 불과하다."

"경전을 연구하는 사람은 반드시 그 본뜻을 연구하고 철저히 방증하여 자신을 수양하고 세상을 편안케 하는 근본으로 삼아야 한다."

"〈독서는〉 모름지기 이렇게 해야 한다. 〈공부는〉 맹장(猛將)이 병사를 부릴 적에 한 번 진을 쳐서 적을 무찌르는 것처럼, 혹독한 관리가 법을 적용할 적에 심각하게 하여 전혀 인정이 없는 것처럼 해야 한다."

"자신의 덕을 날마다 새롭게 하는 공부를 오랫동안 하다 보면 게을러져서 교만하고 인색한 마음이 생기고, 그러면 곧 자만심이 싹튼다."

◆ 성호 이익 ◆
용맹한 장수처럼 공부하라

18세기 조선 실학과 경제학의 거두

성호 이익은 한 마디로 18세기 조선의 실학과 경제학의 거장이었다. 그가 실학과 경제학의 거장이 될 수 있었던 것은 형 이잠(李潛)이 당쟁으로 목숨을 잃게 되는 사건 때문이었다고 해도 과언이 아닐 것이다.

그가 입신양명에 뜻을 두고 과거 공부에 매달리던 26살 때, 둘째 형 이잠이 임금에게 상소한 내용이 문제가 되어 역적으로 몰려 처형당하는 참극이 일어났던 것이다. 자신이 가장 존경한 둘째 형이 당쟁의 칼바람 앞에 무참하게 쓰러지는 광경을 목격한 그는 정치의 냉혹함을 절실히 깨닫고 출세의 뜻을 완전히 접어버렸던 것이다.

바로 이러한 일로 인해 성호 이익은 26세 때부터 83살 까지 오로지 독서와 사색 그리고 저술과 제자 양성에만 힘을 쓰게 되었고, 평생 학문에 힘쓴 결과 일가(一家)를 이룰 수 있게 되었던 것이다.

그의 학문이 넓고 깊은 이유는 그가 입신양명의 뜻을 접게 됨으로써 과거 급제를 위한 좁은 학문의 울타리를 벗어나 마음껏 넓은 학문, 즉 세계와 인간 그리고 사회 현실을 이해하고 세상을 편안하게 할 수 있는 학문으로 나아갈 수 있게 되었기 때문이라고 할 수 있다.

그리고 그가 그렇게 큰 일가를 이룰 수 있게 된 것은 26세 때 시작한 공부를 평생 거침없이 맹렬하게 학문에 대한 그 기세를 꺾지 않고 전진해 나갔기 때문이라고 필자는 생각한다.

손자는 [손자병법]에서 기세(氣勢)의 중요성과 힘을 피력한 적이 있다. [손자병법] 제 5편인 '병세편'에 보면 전쟁을 잘 하는 장수는 반드시 기세를 통해 승리를 구한다는 말이 다음과 같이 나온다.

"따라서 전쟁을 잘하는 장수는 '기세(勢)'에서 승리를 구하고, 병사들에게 책임을 지우지 않는다. 따라서 능히 사람을 버리고 기세에 (모든 것을) 맡긴다. 기세에 맡긴다는 것은 그 싸우는 사람이 마치 목석(木石)을 구르게 하는 것과 같은 것이다. 목석의 성질은 평평하면 고요히 멈추어 있고, 위태로우면 움직이며, 네모지면 정지해 있고, 둥글면 굴러가기 마련이다. 따라서 전쟁하는 장수가 기세를 잘 만들어내는 것은 마치 둥근 돌을 천 길 높이의 산에서 굴러 내려오게 하는 것이니 (이것이) 기세이다." 〈김원중, [손자병법], 144쪽〉

니콜로 마키아벨리는 이런 이야기를 한 적이 있다.

"내 견해로는 조심스러운 것보다 맹렬한 편이 낫다. 운명이란 여자와 같아서 정복하고 싶다면 굴복시켜야 한다. 운명은 조심스럽게 접근하는 사람보다는 맹렬한 사람들에게 자신을 차지하도록 허용할 게 분명하다."
〈로버트 그린, [50번째 법칙] 중에서〉

성호 이익의 공부법은 맹렬하게 따라 붙어서 거침없이 전진해 나가는 그런 맹렬한 공부였고, 그러한 공부 스타일로 인해 그는 알 때 까지 질문을 하기를 좋아하는 그런 공부법을 선호했다라고 말 할 수 있을 것이다.

임계점을 돌파하는 공부를 하라 _ 취진공부(驟進工夫)

조선의 선비 성호 이익 선생은 공부를 할 때 하루에 조금씩 축적해 나가는 그런 공부보다는 용맹한 장수가 한 번 진을 쳐서 적을 무찌르듯이 거침없이 몰아쳐서 맹렬하게 추진해 나가는 그런 공부를 해야 한다고 말한다.

그런 점에서 볼 때, 천리마가 하루에 천리를 거침없이 내달리듯 몰아치는 그런 공부를 해서 막힌 것을 뚫어 버리는 그런 공부를 했다고 할 수 있다. 필자는 이런 공부가 바로 임계점을 돌파해 버리는 그런 공부라고 생각한다.

라면을 먹기 위해 물을 끓일 때도 아무리 매일 자주 끓여도 80도나 90도에 멈추어 버린다면 평생 라면을 해 먹을 수 없다. 반드시 몰아쳐서 100도가 넘어야 물이 끓기 때문이다. 이처럼 성호 이익 선생은 임계점을 돌파해 버리는 그런 공부, 한 번 칼을 뽑았으면 끝까지 하는 공부, 한 번 공격했으면 끝을 보는 공부를 해야 한다고 말한다.

"치지(致知)와 함양(涵養)은 둘 다 병행해야 할 공부이다. 그러나 초학자에게는 치지가 먼저다. 치지는 독서하고 궁리하는 것으로 요점을 삼는다. 그러니 어찌 전적으로 함양에만 의존할 것인가? 주자의 말에 "사람들은 독서할 적에는 조용히 완미해야 한다고 말을 한다. 그러나 이는 스스로 태만하려는 구실이다."라고 하였다. 종일토록 빈둥대는 데도 그것을 조용히 완미하는 것이라 한다면, 도리어 공부를 하는 바가 없게 될 것이다. 그러므로 그렇게 탄식한 것이다. 이럴 때는 취진(驟進) 두 글자가 가장 좋다.

〈독서는〉 모름지기 이렇게 해야 한다. 〈공부는〉 맹장(猛將)이 병사를 부릴 적에 한 번 진을 쳐서 적을 무찌르는 것처럼, 혹독한 관리가 법을 적용할 적에 심각하게 하여 전혀 인정이 없는 것처럼 해야 한다. 모름지기 한 매를 때리면 한 줄기의 흔적이 나타나고, 손바닥으로 치면 손바닥의 자국이 생기듯이 하는 것이, 곧 농부에 힘을 쓰는 절도다. 그렇지 않고 마치 큰 돌을 굴릴 때, 오늘 한 번 흔들고 내일 다시 한 번 흔들고, 또 그 다음날 다시 한 번 흔든다면, 이와 같이 하기를 수천 날 하더라도 그 돌을 움직일 가망이 없을 것이다. 반드시 1푼이 움직일 때 더욱 힘을 써 떠밀어서 2푼이나 3푼에 이르게 하고, 계속해서 10푼에 이르도록 하여 괴고 일으켜 구르도록 하여야 바야흐로 효과가 있다. 내가 일찍이 이를 시험해 보았다."〈최석기, [우리가 꼭 알아야 할 공부], 288~289쪽, 이익, [성호사설], 권13〉

성호 이익 선생이 40세 전후부터 책을 읽다가 느낀 점이 있거나 흥미있는 사실이 있으면 그때그때 기록해 둔 것들을 그의 나이 80에 이르렀을 때에 집안 조카들이 정리한 책이 바로 [성호사설]이다. 그 책은 천지문(天地門)·만물문(萬物門)·인사문(人事門)·경사문(經史門)·시문문(詩文門)의 다섯 가지 문(門)으로 크게 분류해 놓았고, 총 3,007편의 항목에 관한 글이 실려 있다고 한다. [성호사설]에 대해서는 바로 뒤에서 다시 자세하고 이야기를 나누어 볼 것이다.

[성호사설]에 있는 내용 중에서도 이 대목은 인사문의 [취진공부(驟進工夫)] 부분에 실린 글이다. 성호 이익 선생이 강조한 공부의 방법은 다른 선비들이 주장했던 것과 내용면에서 다소 차이가 있음을 알 수 있다.

취진(驟進)이란 말은 한 마디로 '빠르게 나아간다' '빠르게 도약한다.'란 의미라고 할 수 있다. 즉 다시 말해, 맹렬하게, 뜨겁게, 질주해 나가면서 공부하는 그런 공부의 자세라고 할 수 있다.

세상을 편안하게 하는 공부를 하라

성호 이익은 공부하는 사람은 반드시 세상을 편안하게 하고, 세상에 활용하기 위해서 공부를 해야 한다고 주장했다. 공부를 하면서도 그것을 세상에 활용하지 않는다면 이것은 그저 글자를 읽는 것에 불과하다고 말했다.

그의 시문집인 〈성호전서〉에 보면 이런 글들이 나온다.

"경전을 연구하는 사람은 반드시 그 본뜻을 연구하고 철저히 방증하여 자신을 수양하고 세상을 편안케 하는 근본으로 삼아야 한다. 만일 경전 가운데 한 구절의 뜻을 옳게 밝히지 못하면 그에 상응하는 한 가지 일에 결함이 생긴다고 여겨야 할 것이다."〈박희병, [선인들의 공부법], 139쪽, [성호전서] 중에서〉

그는 또한 이런 말도 했다.

"경전을 연구하는 것은 장차 세상에 활용하기 위해서다. 경전에 대해 말하면서 그것을 천하만사에 활용하지 않는다면 이는 그저 글자를 읽는 데 불과하다."〈박희병, [선인들의 공부법], 139쪽, [성호전서] 중에서〉

성호 이익이 추구한 공부는 세상에 활용할 수 있는 공부였다. 그래서 글 뜻에만 너무 얽매이는 그런 공부에 대해 항상 경각심을 가지고 있었고, 곡식 한 톨도 생산하지 못하는 자기 자신에 대해 좀벌레라고 말하기도 했다.

주자(朱子)는 만년에 글뜻에만 너무 얽매이는 문하생들을 걱정한 적이 있다고 한다. 그런데 성호 이익 선생도 이런 점에서 비슷하다고 할 수 있다.

"나는 천성이 글을 좋아한다. 그러나 종일토록 고심하여 글을 읽어도 실오라기 하나, 곡식 한 톨도 내 힘으로 생산하지 못하니 어찌 이른바 하늘과 땅 사이의 한 마리 좀벌레가 아니겠는가."〈박희병, [선인들의 공부법], 144쪽, [성호전서] 중에서〉

성호 이익 선생은 공부가 현실 문제에서 동떨어져 있는 것에 대해 매우 경계했다. 그래서 퇴계 이황의 글이 오로지 도와 그것의 실천에만 힘쓰고, 현실문제에 대해서 전혀 언급하지 않았던 것을 지적하기도 했다.

이렇게 현실에 대한 지식인의 책무에 대한 양심적인 반성 및 자각을 토대로 한 그의 학풍이 결국 실학의 대가인 정약용과 같은 실학자들로 이어지게 되었던 것은 당연하고도 자연스러운 일이었다고 할 수 있을 것이다.

조선의 백과사전을 편찬하다

성호 이익이 살았던 시기인 18세기에 프랑스의 계몽사상가들은 백과전서를 편찬 했다. 그리고 이 때 성호 이익은 조선의 초야에 묻혀 조선의 백과사전 격인 [성호사설]을 펴냈다. 40세를 전후한 시기부터 책을 읽으며 연구하고 사색하고 사물을 관찰해서 알게 된 점과 제자들과 묻고 답한 내용 등을 기록한 것들이었다. 그런데 나이 80세가 되자 집안 조카들이 정리해 책으로 묶었던 것이다.

이 책은 조선 후기 실학 발전에 있어서 매우 중요한 의미와 계기를 마련해 준 책이라고 평가할 수 있다. 서양의 새로운 지식에 대한 성호 이익의 개방적 태도와 실학적 학풍, 해박한 학식이 집대성되어 다산 정약용, 순암 안정복 등에 깊은 영향을 미치기도 했다. 그 결과 조선 후기 실학(實學) 발전의 학문적 토대가 될 수 있었다고 한다.

좀 더 구체적으로 [성호사설]에 대해 살펴보자. [성호사설]은 총 30권 3,007개 항목의 백과사전이라고 할 수 있다. 여기에는 천문과 지리에 관한 천지문(天地門) 3권, 의식주 등 일상 생활에 관련된 여러 사물과 현상을 다룬 만물문(萬物門) 3권, 정치·경제·사회·종교 인물을 논한 인사문(人事門) 11권, 사서육경과 역사서를 다룬 경사문(經史門) 10권, 역대 문인들의 시와 문장을 평한 시문문(詩文門) 3권으로 돼 있다.

집안의 조카들이 그의 글을 정리해 편찬할 때 성호 이익은 스스로 지은 서문(序文)을 썼다. 그것을 간략하게 소개하면 다음과 같다.

"[성호사설]은 성호 노인의 희필(戱筆)이다. 성호 노인이 이것을 지은 것은 무슨 뜻에서일까? 특별한 뜻은 없다. 뜻이 없었다면 왜 이것이 만들어졌을까? 성호 노인은 한가로운 사람이다. 독서의 여가를 틈타 전기(傳記), 제자백가서, 문집, 문학, 해학이나 혹은 웃고 즐길 만해 두고 열람할 수 있는 것을 붓이 가는대로 적었다. 이렇게 많이 쌓였다는 것을 미처 깨닫지 못했다. 처음 잊어버리지 않으려고 권책에 기록하게 되었는데, 훗날 제목별로 그대로 나란히 늘어놓고 보니 다시 두루 열람할 수 없어서 다시 문별(文別)로 분류해 드디어 한 질의 책을 만들었다. 이에 이름이 없을 수 없어서 '사설(僿設)'이라고 이름을 붙였다."〈이익, [성호사설], '자서(自序)'〉

성호 이익은 자신의 책을 겸손하게 희필(戱筆)이라고 낮추어 말했지만 이 책은 당시의 학문, 사상은 물론 사회 현실과 실생활에 관한 지식과 정보가 총망라되어 있는 백과전서(百科全書)'였던 것이다.

자만심을 경계하고 날마다 새롭게 되는 공부를 하라

성호 이익은 공부하는 사람은 반드시 자만심을 경계해야 한다고 말한다. 자만심을 경계하고, 항상 질문하기를 좋아하는 그런 공부를 해야 한다고 말한다. 질문을 한다는 것은 게으른 사람들은 절대로 할 수 없는 것이라고 할 수 있다.

이렇게 항상 질문하기를 좋아하게 되면 날마다 새롭게 되는 공부를 할 수 있다고 말한다.

"자신의 덕을 날마다 새롭게 하려면 모름지기 훌륭한 스승을 만나야 하고, 스승을 만나려면 모름지기 묻기를 좋아해야 한다. 묻기를 좋아하는 것이야말로 덕을 날마다 새롭게 하는 근본이다. 날마다 새롭게 되는 공부는 오늘 묻기를 좋아하고 내일 묻기를 좋아하여 평생토록 부지런히 노력하여 자만하는 마음을 가지지 않는 데 있다."〈박희병, [선인들의 공부법], 142쪽, [성호전서] 중에서〉

또 성호 이익은 게을러져서 교만하고 인색한 마음이 생기게 되면 곧 자만심이 싹트게 되므로 이러한 것들을 경계해야 한다고 말한다. 그래서 날마다 새롭게 되는 공부를 하기 위해서는 그러한 공부가 더디고 힘들다는 사실을 인식해야 한다고 말한다.

"자신의 덕을 날마다 새롭게 하는 공부를 오랫동안 하다 보면 게을러져서 교만하고 인색한 마음이 생기고, 그러면 곧 자만심이 싹튼다. 자만심이 싹트면 남이 자기만 못하다고 여기게 되고, 남이 자기만 못하다고 여기면 자기 마음대로 하게 된다. 자만심, 남이 자기만 못하다고 여김, 자기 마음대로 함, 이 세 가지가 차례로 연달아 닥침은 비유컨대 식초에 초파리가 덤비고 양고기에 개미가 모이는 것과 같다. 그러므로 날마다 덕을 새롭게 하는 공부는 마치 넝쿨을 잡고 높은 데로 올라가는 것처럼 더디고 힘들다는 사실을 알아야 하고, 자만심의 해악은 언덕을 달려내려오는 것처럼 빠르고 쉽다는 사실을 알아 경계해야 한다."〈박희병, [선인들의 공부법], 143쪽, [성호전서] 중에서〉

즉 공부는 마치 넝쿨을 잡고 높은 데로 올라가는 것처럼 더디고 힘들다고 그는 말한다. 그렇기 때문에 자만심이 생기고, 남을 자기보다 못하다고 여기고, 자기 마음대로 하고자 하는 마음이 생길 때 조심해야 한다고 말하고 있다.

가난은 선비에게 당연한 것이다

조선의 선비들에 대해 가장 부정적인 편견 중에 하나가 가족들은 모두 가난 때문에 굶주리고 헐벗으면서 고생을 해도, 나가서 돈을 벌 생각은 전혀 하지 않고 방 안에서 책 보는 재미와 공부의 사명과 본분을 다 하는 가난한 선비일 것이다.

성호 이익은 이 당시에 선비들을 가장 힘들게 했던 것들 중에 하나가 바로 가난이었고, 이것은 선비에게는 어쩔 수 없이 짊어지고 가야 할 당연한 일이라고 생각했다.

"사민(四民) 중 오직 선비만이 가난을 상사(常事)로 여긴다. 농사꾼과 장인, 장사꾼은 노동을 하여 생계를 꾸려야 하는 법이니, 굶주리고 헐벗을 경우 그 책임은 그들 자신에게 있다. 선비의 경우는 오직 책에만 마음을 씀으로 실오라기 하나, 곡식 한 낟도 스스로 생산하지 않는다. 만약 자신이 사는 시대에 벼슬하지 못한다면 입성과 먹을 것이 나올 데가 없다."
〈[주자문자전], 제14권 [인사문], 강명관, [성호, 세상을 논하다], 39쪽〉

결국 선비란 본질적으로 책을 읽는 사람이다. 책을 읽고 공부한다는 것은 결국 배우고 익히고 자신을 성장시킨다는 것이다. 이것은 결국 소비적인 활동에 속한다. 굳이 소비적인 활동은 아니라고 생각할 수는 있지만, 그래도 생산적인 활동은 전혀 아니다.

특히 경제적인 활동이라고 할 수 없기 때문에 책을 보는 사람들, 즉 선비들은 당연히 경제적으로 힘든 삶을 사는 것이 어쩌면 당연하다고 할 수 있다.

필자의 경우도 만약에 조선 시대에 태어났다면 책을 보고 공부를 하면서 가난을 면치 못 했을 것이다. 하지만 시대를 잘 타고 난 덕분에 책을 보고 공부를 해도 부자로 살아갈 수 있을 것 같다. 왜냐하면 책을 본 만큼, 책을 쓸 수 있기 때문이고, 그 결과 윤택한 생활을 할 수 있기 때문이다. 조선 시대를 비롯해서 어떤 시대든 책만 보고 공부를 하는 사람이 평생 경제적으로 궁핍하지 않고 살아갈 수 있는 방법은 많지 않았다. 특히 조선 시대에는 별다른 생계대책이 없었다고 해도 과언이 아니었다.

성호 이익은 선비들에게 궁핍이 매우 큰 문제라는 사실을 지적하기도 했다.

"내가 지금 세상의 훌륭한 선비들을 보니, 어떤 이는 오직 문학에만 뜻을 두고 집안일을 팽개쳐버린 나머지 수습할 수 없는 지경까지 이르기도 한다. 그래서 조상을 받들지도 부모를 봉양하지도 못하고, 아내와 자식이 헐벗고 굶주리게 되면, 그가 가졌던 뜻도 따라서 변하니, 아무리 후회해도 미칠 수가 없다."〈[학문을 위한 생계대책] 제7권, [인사문], 강명관, [성호, 세상을 논하다], 41쪽〉

사람이 아무리 공부를 많이 해도 가난하게 되면 사람 구실을 하기가 쉽지 않다. 또한 가난하다는 이유 하나만으로 친구에게 버림을 받고, 아내와 첩에게 괄시를 당하고, 남에게 천대를 받게 된다. 결국 마음도 옹졸해지고, 스스로 학문에 대한 굳은 뜻을 바꾸지 않을 수 없게 되는 그런 지경에 이르게 된다.

조선 선비들의 생계 상황이 이 지경까지 되다 보니, 성호 이익은 생계대책으로 책을 찍어 생계를 유지하라고 조언해 준다.

"군색함이 이루 다 말할 수가 없을 정도라 온갖 일에 절약을 해도 아침

저녁 끼니를 이을 수가 없을 지경이거늘, 흠부는 책을 인쇄하는 일을 자못 마땅찮게 여겨 되레 '따로 소소한 생계대책을 마련하는 것이 해롭지 않겠다.'고 한다. 이것은 정말 이해하지 못 할 말이다. 달리 생계대책을 꾸리는 것은 도리어 더 비루한 일이 될 것 같다." 〈[주자문자전], 제14권 [인사문], 강명관, [성호, 세상을 논하다], 44쪽〉

　농사를 짓거나 장사를 하는 것은 전혀 다른 일을 새로 시작해야 하는 것이지만 책을 찍어 파는 일은 자신이 하던 공부와 매우 관련이 있는 일이기에 필자도 동의하는 바이다. 하지만 그 시대에 조선에서는 인쇄, 출판은 국가가 거의 독점했을 뿐만 아니라 오늘날 처럼 베스트셀러 작가가 되어 큰돈을 버는 사람이 단 한 명도 없었다는 사실에 주목해야 할 것 같다.

Insight in 조선 선비
조선 시대 선비라면 반드시 읽어야 할 책

1. 조선 후기 이덕무가 뽑은 명저 3종 세트.
   - 이이의 〈성학집요〉 _ 개인과 제왕의 심성 수양.
   - 허준의 〈동의보감〉 _ 사람의 질병을 치료.
   - 유형원의 〈반계수록〉 _ 국가의 경제와 제도를 논함.

2. 19세기 학자 홍한주가 뽑은 명저 4종 세트.
   - 이이의 〈성학집요〉 _ 개인과 제왕의 심성 수양.
   - 허준의 〈동의보감〉 _ 사람의 질병을 치료.
   - 유형원의 〈반계수록〉 _ 국가의 경제와 제도를 논함.
   - 이만운의 〈문헌비고〉

3. 대중적인 인기로 조선시대를 대표하는 베스트셀러 3종 세트.
   - 이중환의 〈택리지〉 _ 조선 전 지역에 대한 인문 지식을 다룸.
   - 홍만종의 〈소화시평〉 _ 조선 시의 성과를 일목요연하게 정리.
   - 작자 미상의 〈춘향전〉 _ 조선 소설의 백미.

4. 일본 저술 가운데 유일하게 조선 선비들이 읽은 책.
   - 테라시마 료오안의 〈화한삼재도회〉 _ 사물과 현상을 그림으로 그리고 간단한 설명을 붙인 책으로 도설식圖說式 사전.

5. 18~19세기 실학자들이 읽고 크게 감명 받은 책.
   - 이시진의 〈본초강목〉 _ 의학, 생물학의 전무후무한 고전.
   - 왕상진의 〈군방보〉 _ 가장 오래된 꽃에 대한 백과사전.
   - 테라시마 료오안의 〈화한삼재도회〉

6. 중국에 출간 된 조선 선비들의 책.

- 최치원의 〈계원필경집〉

- 허난설헌의 〈난설헌집〉

- 허준의 〈동의보감〉

7. 일본에서 출간 된 조선 선비들의 책.

- 유길준의 〈서유견문〉

- 김득련의 〈환구음초〉

- 박제형의 〈조선정감〉

- 김시습의 〈금오신화〉

〈출처 및 참조, 안대회, [선비답게 산다는 것], 247~262쪽의 내용을 쉽고 간단하게 요약 정리함〉

제 3 부

숨겨진 0.1% 공부의 신들의 천재공부법과 0.1% 독서법

명재 윤증(明齋 尹拯) / 1629~1714년

"쉬지 않는 공부를 한 뒤에라야 나중에 성취를 할 수 있다."
"명색은 책을 읽는다 하면서 실제 몸으로 행하지 못하면 문장을 아름답게 꾸미게 하고 입만 번지르르하게 하는 도구일 뿐이니, 진정한 학문', 즉 참된 공부가 아니다."
"이른바 공부는 마음을 경동(驚動)시켜 성질을 참고 견디며, 의(義)를 정밀하게 하고 인(仁)을 익숙하게 하는 일입니다."
"독서하다 의심이 있으면 메모하는 공부가 가장 착실한 것이 됩니다. 그러면 남에게 묻기를 기다리지 않고서도 훗날 스스로 깨닫는 점이 많을 것입니다. 이에 대해 힘을 써야 합니다."

◆ 명재 윤증 ◆
쉬지 않는 공부를 해야 성취를 할 수 있다

행함이 없는 공부는 공부가 아니다

명재 윤증은 8세 때 지은 시가 전해져 내려올 정도로 어릴 적부터 뛰어난 글 솜씨를 가지고 있었던 인물이었다. 그런데 그의 그런 글 솜씨가 저절로 된 것이 아니라 그의 열중하는 성품에서 비롯되었다는 사실을 알아야 한다.

그의 그러한 열중하는 성품을 알 수 있게 해 주는 일화들이 적지 않다. 그 중에 하나가 바로 책을 읽을 때 다른 일이 생겨도 책을 먼저 다 읽고 나서 그 일을 한다는 사실을 알려 주는 일화이다.

어느 날 마을에 사슴이 나타나 또래 아이들은 모두 구경하느라 난리가 나고 시끄러웠다. 하지만 윤증은 책을 읽고 있는 중이었다. 그래서 그는 이미 처음에 목표로 한 횟수를 포기하지 않고 끝까지 다 읽었고, 그 후에 사슴을 구경하기 위해 방 밖으로 나왔다는 것이다. 그 때는 이무 사슴이 사라진 지 한 참이 지난 후였던 것이다.

이러한 그의 성품과 심지가 굳은 일화들은 [노종사록(魯宗史錄)]에 기록된 윤증의 약사(略史)를 통해 잘 알 수 있다고 한다.

명재 윤증은 가르침을 받고자 찾아오는 이들에게 아랫 단계로부터 차근차근 배워서 윗 단계까지 올라가야 쓸모 있는 지식을 습득하게 된다고 주의를 주었다.

또한 제자들에게는 반드시 그들이 배울 준비가 되어 있을 때 가르쳐 주었고, 그들의 수준에 맞추어 쉽게 설명해 주었다. 그는 제자들에게 다음과 같은 말을 늘 하였다. "명색은 책을 읽는다 하면서 실제 몸으로 행하지 못하면 문장을 아름답게 꾸미게 하고 입만 번지르르하게 하는 도구일 뿐이니, 진정한 학문, 즉 참된 공부가 아니다"

그의 말처럼 그는 공부란 몸으로 행하는 것이지 지식만 쌓는 그런 도구가 아니라는 사실을 늘 강조해 왔음을 알 수 있다.

명재 윤증의 공부하는 모습은 어땠을까? 그는 단정한 자세로 조금의 흐트러짐도 없이 책을 읽었다고 한다.

"윤증이 책을 읽은 때에는 반드시 옷깃을 여미고 단정히 꿇어앉아서 책상을 마주 대하여 나지막한 소리로 읊조리고, 간혹 마음에 꼭 맞는 구절을 만나면 큰 소리를 내어 낭송할 때도 있었다."〈김건우, [옛사람 59인의 공부 산책], 124쪽〉

몸으로 행함이 없으면 공부가 아니라고 말하는 명재 윤증은 또한 공부를 할 때의 몸가짐을 매우 강조했다.

쉬지 않는 공부를 해야 이룸이 있다

명재 윤증은 공부를 함에 있어서 중단해서는 안 된다고 강조한다. 즉 쉬지 않는 공부를 해야 이룸이 있다고 다음과 같이 피력한 적이 있다.

"성현의 글을 반드시 다 읽은 뒤에라야 돌이켜 자신을 예에 맞게 단속하는 점을 말할 수 있다. 쉬지 않는 공부를 한 뒤에라야 나중에 성취를 할 수 있다."〈최석기, [우리가 꼭 알아야 할 공부], 61쪽〉

그의 말처럼 쉬지 않는 공부를 해야 한다. 공부 뿐만이 아니라 모든 일에 있어서 쉬지 않고 꾸준히 나아가는 사람만이 무엇인가를 이룰 수 있게 된다.

수적천석(水滴穿石)이란 말이 있다. 물방울이 단단한 바위를 뚫는다는 말이다. 이 말을 필자는 매우 좋아한다.

[중용]에는 '백천지공(百千之工)'이라는 말이 나오는데 필자가 이 말도 매우 좋아 한다.

이 말은 '남이 한 번에 능히 하면, 나는 열 번을 하고, 남이 열 번에 능히 하면 나는 천 번을 한다. 그러므로 배우지 않으면 그만이지만, 만일 배운다면 능하지 못하면 절대 중단하지 말아야 한다'라는 의미를 가지고 있는 문장이다.

필자가 학창 시절에 암기 하면서까지 좋아했던 영어가 있다. 그것도 바로 쉬지 않고 꾸준히 하는 것에 대한 금언이다.

"Slow and steady wins the race."

천천히 꾸준히 하면 결국 이기게 된다는 말이다. 경쟁 사회를 떠나서 천천히 꾸준히 하는 사람들은 무엇인가를 이룰 수 있다고 필자는 생각하고 있기에 이 말을 좋아할 수밖에 없다.

언제 어디서든 공부하라
　명재 윤증 선생의 공부론에서 주목해야 할 점은 언제 어디서든 공부를 해야 한다는 주장일 것 같다. 즉 공부는 시간이나 공간의 제한을 받아서는 안 된다는 것이 명재 선생의 지론인 것이다.
　바로 이런 이유에서 시간이 없어서 공부를 못 한다고 하는 사람이나 공부할 장소가 없어서 공부를 못 한다고 하는 사람은 모두 핑계에 불과하다는 사실을 알아야 한다. 똑같은 시간과 장소에서 공부를 하는 사람이 있기 때문이다.
　이러한 사실에 대해 명재 선생이 주장한 글이 [명재유고(明齋遺稿)]에 실려 있는 데, 이것을 번역하여 소개된 책을 통해 알 수 있다.
　"어느 때 어느 곳에서든지 스스로 공부를 함이 있어야 한다. 그래서 나의 존양(存養)하고 성찰(省察)하는 공부로 하여금 일상생활 속에서 해이해지지 않게 하면, 도에서 잠시도 벗어나지 않을 것입니다."〈최석기, [우리가 꼭 알아야 할 공부], 76쪽〉
　그는 또 같은 책에서 이렇게 말한 부분을 찾을 수 있다.
　"이 마음이 진실로 배움에 대해 잊지 않는다면, 어느 때 어느 곳에서든지 저절로 공부가 있을 수 있네, 만나는 바를 따라 강구(講究)하고, 일에 따라 체인(體認)하면 또한 배움 아닌 것이 없을 걸세. 걱정스러운 점은 의지를 굳게 세우지 못하면 바로 잊게 된다는 것일세."〈최석기, [우리가

꼭 알아야 할 공부], 76쪽〉

　명재 윤증 선생은 자신의 이 말대로 언제 어디서든 공부를 하고자 했고, 그것을 실천했던 인물이다. 그래서 그는 사람이 병이 났을 때도 병중의 공부가 있고, 말을 탔을 때에도 마상공부(馬上工夫)가 있고, 심지어 길을 걸을 때에도 그에 합당한 공부가 있다고 말한 적이 있다.

　"병중에는 병중공부(病中工夫)가 있고, 말을 탔을 때에는 마상공부(馬上工夫)가 있다. 심지어는 벼개 머리, 측간, 좌중(坐中), 와중(臥中), 실천할 때, 걸을 때에도 각기 그에 합당한 공부가 있다. 어느 곳인들 공부하는 곳이 아니겠는가?" 〈최석기, [우리가 꼭 알아야 할 공부], 80쪽〉

　현대인들은 정말로 언제 어디서든 휴대폰으로 인터넷을 할 수 있고, 네트워크에 연결되어 있다. 그래서 혼자 있어도 사실은 함께 있는 것과 다를 바 없다. 그런데 명재 윤증 선생은 공부를 그렇게 해야 할 것을 강조했다. 그래서 병중공부, 마상공부, 벼개 머리 공부, 좌중 공부, 와중 공부, 길을 걸어 갈 때 공부 등과 같은 것들이 있다는 것이다.

　'언제 어디서든 공부' 하는 사람이 정말 학자가 아닐까? 그리고 공부하는 사람이 아닐까? 필자는 공부의 성과나 완성보다 더 중요한 것이 바로 공부를 대하는 자세, 공부를 하는 모습이라고 생각한다.

　버스나 지하철 안에서도 책을 보는 사람들이 훌륭한 독자임은 말할 필요도 없듯이, 언제 어디서나 공부를 하는 사람들이 훌륭한 공부인임을 말할 필요도 없을 것이다.

기록하는 공부를 하라 _ 차기공부(箚記工夫)

명재 윤증 선생은 공부를 하다가 의심이 생기면 반드시 기록하라고 조언을 한 바 있다. 자신이 모르는 것을 기록해 놓으면 다시 그 사실에 대해 궁리를 하게 되고, 언젠가는 스스로 터득하는 경우도 있게 되기 때문이다. 이러한 사실에 대해서 명재 선생의 [명재유고]에 보면 이렇게 기록되어 있음을 알 수 있다.

"독서하다 의심이 있으면 메모하는 공부가 가장 착실한 것이 됩니다. 그러면 남에게 묻기를 기다리지 않고서도 훗날 스스로 깨닫는 점이 많을 것입니다. 이에 대해 힘을 써야 합니다."〈최석기, [우리가 꼭 알아야 할 공부], 207쪽, [명재유고(明齋遺稿)], 25권〉

자신의 모르는 것, 의문이 가는 것을 기록하게 되면 나중에라도 바로 친구나 스승에게 질문을 할 수가 있고, 친구나 스승을 만날 수 없는 경우라 해도 스스로에게 끊임없이 질문을 던질 수 있고, 그로 인해 사유를 하게 되고 궁리를 하게 되기 때문에 결국에는 깨닫게 될 확률이 매우 높은 것이다.

명재 윤증 선생은 공부를 하다가 모르는 것이 나오면 메모를 하는 차기공부(箚記工夫)에 대해 다음과 같이 추가적으로 말한 적이 있다.

"무릇 책을 보다가 의심이 생기거나 일을 하다가 의심이 들면 손 가는 대로 메모를 해 두었다가 남에게 물어보십시오. 터득하는 것이 있으면 또한 메모했다가 뒤에 살펴보는 자료로 삼으십시오. 메모하는 공부는 매우 좋습니다. 의심이 있거나 터득함이 있는데 이를 방치하면 잊어버리게 되며, 끝내는 득력할 곳이 없게 됩니다. 시험 삼아 노트 한 권을 마련해 이런 공부를 해 보는 것이 어떻습니까? 훗날 만났을 때, 그대가 공부한 것을 알 수 있을 것입니다. 옛날 사계(沙溪) 선생께서 이런 공부를 하셨습니다. 스승이나 벗들에게 들은 것을 하나하나 기록해 둔 것이 오늘날 전하는 [경서변의(經書辨疑)]입니다. 이는 후학들이 본받아야 할 점입니다."〈최석기, [우리가 꼭 알아야 할 공부], 210쪽, [명재유고(明齋遺稿)], 27권〉

명재 선생은 의문이 가고 모르는 것만 기록하라고 당부하시는 것이 아니었다. 새롭게 터득하고 깨닫게 된 것도 또한 기록하라고 조언하시는 것이다.

의문이 가는 것과 스스로 터득한 것을 모두 기록해 놓음으로서 훌륭한 책이 된 경우인 사계(沙溪) 김장생(金長生)의 [경서변의(經書辨疑)]란 책의 경우를 빼 놓지 않고 덧붙여 설명하고 있다.

이처럼 독서를 하다가 그때그때 떠오르는 생각들, 깨달은 것들, 의심나는 것들을 모두 메모해 둔 독서록은 또한 훌륭한 책이 된다. 이익의 [성호사설]이라는 총서가 바로 그런 방식으로 책이 되었던 것이다.

이러한 방식으로 책이 되는 경우는 지금도 흔하다. 어느 유명한 작가의 독서록은 곧바로 책이 되어 나온다. 이런 책들은 쓰기가 쉬울 뿐만 아니라 독자 입장에서는 읽기도 쉽다. 그날그날의 생각이 단편적으로 쓰이기 때문에 이런 책은 아무데나 펼쳐서 읽고 사색하면 되는 책들이기 때문이다.

큰 사람이 되는 공부를 하라

명재 윤증 선생은 조용한 방에 정좌(靜坐)하여 책을 보는 공부를 할 때 마음을 흔들지 말고 정밀히 생각하여 마음을 안정시키고 마음속에 새기는 그런 공부를 하라고 조언해 준 적이 있다.

그의 시문집인 [명재유고]에 보면 이런 내용이 나온다.

"마음을 보존하는 법이 이른바 경(敬)이다. 일이 없을 적에는 정좌(靜坐)하여 번뇌와 잡념이 가슴속에서 스스로 일어나지 말게 하며, 일이 있을 적에는 그에 응하고 일이 끝나면 다시 정좌하거라. 정좌할 적에는 책을 보는 공부가 있다. 책을 볼 적에 섭렵하여 빨리 보려하면 도리어 마음을 흔들리게 할 수 있다. 과정을 세우고 하루의 역량을 헤아려 한 장(章)을 읽든지, 혹은 두세 장을 읽든지 하라. 익숙히 읽고 정밀히 생각하여 심신에 체인하라. 오늘 이와 같이 하고, 내일 이와 같이 하여 그 생각을 잊지도 말고 조장하지도 말면, 자연히 마음이 안정되어 글도 맛이 있을 것이다."〈최석기, [우리가 꼭 알아야 할 공부], 210쪽, (윤증, [명재유고(明齋遺稿)], 권28〉

마음을 안정시키고, 마음에 새기고, 마음을 다잡는 이러한 공부를 그가 강조한 이유는 큰 사람이 되기 위해서는 무엇보다 마음에 요동이 없어야 하기 때문일 것이다.

맹자의 고자장구하(告子章句下)에 보면 다음과 같은 문장이 나온다.

"하늘이 장차 어떤 사람에게 큰일을 맡기려고 할 때는 반드시 먼저 그의 마음을 괴롭게 하고 뜻을 흔들어 고통스럽게 하고, 그 몸을 지치게 하며 육신을 굶주리게 한다. 또한 생활을 곤궁하게 하여 하는 일마다 뜻대로 되지 않게 한다. 그러한 이유는 이로써 그 마음의 참을성을 담금질하여 비로소 하늘의 사명을 능히 감당할 만 하도록 역량을 키워서 전에는 이룰 수 없던 바를 이룰 수 있도록 하기 위함이니라."

하늘이 누군가에 큰 대임을 맡기기 위해서는 먼저 그 사람을 큰 사람으로 키우기 위해서 무엇보다 마음을 괴롭게 하고 흔들어 놓는다는 것이다. 결국 큰 사람일수록 마음이 쉽게 요동치 않고 평상심을 유지할 수 있는 그런 사람인 것이다.

즉 큰 사람이란 체력이 강한 사람이 아니라 마음이 강하고 평상심을 유지할 수 있는 그런 사람이라고 말할 수 있을 것이다.

명재 윤증 선생은 같은 책에서 '공부란 바로 이런 것을 하는 일'이라고 명확하게 말한 적이 있다. 그가 말한 공부는 한 마디로 '자신을 큰 사람으로 만들어 나가는 일인 것'이라고 볼 수 있을 것이다.

그가 말한 공부의 정의는 이것이다.

"이른바 공부는 마음을 경동(驚動)시켜 성질을 참고 견디며, 의(義)를 정밀하게 하고 인(仁)을 익숙하게 하는 일입니다."〈최석기, [우리가 꼭 알아야 할 공부], 210쪽, [명재유고(明齋遺稿)], 권25〉

다시 말해, 현대적으로 쉽고 간단하게 표현하자면 명재 윤증 선생이 생각하는 공부는 한 마디로 '성인군자, 즉 큰 사람이 되는 것'이다. 이 말은 다시 말해 세상에 이름을 알리고, 출세하는 그런 공부가 아니라 자신을 향상시키고 키우고 성장시키는 그런 공부가 진짜 공부라는 말이기도 할 것이다.

끊임없는 벼슬 권유에도 나아가지 않고 공부를 한 학자

명재 윤증 선생은 평생 동안 따라 다니던 것이 있었다. 바로 끊임없는 벼슬 권유였다. 즉 관직과 출세에 대한 유혹이 끊임없이 있었던 것이다. 하지만 그는 이를 번번이 사양하고, 모든 힘과 정신을 독서와 저술과 후생을 가르치는 일에만 쏟았던 학자였다.

이런 사실에 대해 상세하게 알 수 있는 대목을 읽어보자.

"관직에 대한 유혹이 없었던 것은 물론 아니었다. '행장'에 따르면, 서른여섯에 학행으로 내시교관에 제수된 것을 기점으로 여든하나에 우의정에 제수될 때까지, 공조좌랑, 사헌부의 지평과 장령, 집의, 경연관, 호조참의, 이조참의, 한성우윤, 대사헌, 이조참판, 공조판서, 의정부의 우참찬, 좌참찬, 좌찬성, 성균관의 제주, 이조판서 등 각종 현직에 대한 직첩이 내렸을 만큼, 그는 여러 차례에 걸쳐 부름을 받았다.

그러나 그는 이를 번번이 사양하고, 정력을 오직 독서와 저술과 후생을 가르치는 일에만 쏟는다. 그리고 내려오는 교지를 사양할 때는 다른 선비와 마찬가지로 그 역시 사직상소를 올리게 되는데, 아마도 그는 조선 5백 년 동안 이것을 가장 많이 쓴 사람이 아니었던가 싶을 만큼 매우 빈번하다. 우의정을 받고 올린 것만도 18번, 그리고 판중추부사로 전임이 된 뒤에도 7~8차례에 달하고 있으니, 소시 적부터 올린 것을 모두 합치면 아마 수백 통은 될 것이다.

따라서 그의 우의정 직첩까지 받고서도, 한 번도 대궐 안에 들어가 본일이 없는 사람이기도 하다. 동시에 임금 역시 그의 모습이 어떤지 자못 궁금하게 여겼다는 일화도 있다."〈정광호, [선비, 소신과 처신의 삶],

174~175쪽〉

　명재 윤증 선생에 대한 일화 중에 재미있는 것이 바로 이것이다. 조선 5백 년 역사 동안에 사직상소를 가장 많이 올리고 쓴 사람이라는 것이다. 그럼에도 불구하고 한 번도 대궐 안에 들어가 본 적도 없고, 임금을 만난 적도 없는 그런 신비로운 사람이라는 점이다.

　명재 윤증의 삶을 통해 진정한 학자의 모습을 필자가 느낄 수 있는 것은 최근에 새로운 정부가 들어서면서 장관 후보자로 내정된 사람들을 보면, 인품과 능력이 안 되면서도 끝까지 권력에 대한 집착으로 스스로 물러나지 않거나 사양하지 않는 것을 볼 때, 지금 이 시대는 너무 많은 이들이 공부는 최소한으로 작게 하고, 그 성과나 결과를 최대한으로 많이 보려고 하는 그런 경제적 관념에 사로 잡혀 있다는 점에서 더욱 더 명재 윤증의 삶이 고결하고 청렴하고 깨끗하다고 느낄 수밖에 없다는 것이다.

　한국 사회가 좀 더 좋은 사회가 되고, 복지 사회가 되기 위해서는 공직에 나가는 사람들은 말할 것도 없고, 모든 사람들이 인격을 수양하고 지식을 확장시키고, 의식을 향상시키는 그런 공부를 해야 한다고 필자는 생각한다.

　근대 일본을 세계 경제 강국으로 만든 것은 '독서를 통한 공부'였다고 필자는 생각한다. 한국이 더욱 더 좋은 사회가 되기 위해서는 한국인들이 책을 많이 읽는 공부를 해야 한다고 생각한다.

화담 서경덕(花潭 徐敬德) / 1489~1546년

"도는 사람에게서 멀리 있지 아니하나니, 공부하면 성인이 될 수 있다."
"군자가 공부를 귀히 여김은, 공부를 통해 그침(止)을 알게 되기 때문이다. 공부를 하고도 그침을 모른다면 공부하지 않은 것과 무엇이 다르겠는가."
"공부하는 데 있어 사물을 궁구하는 것을 먼저 하지 않는다면 독서를 한들 무슨 소용이 있겠는가!"
"옛 사람이 말하기를 '생각하고 또 생각하면 귀신이 통하게 해준다.'라고 했는데, 귀신이 통하게 해주는 게 아니라 마음이 스스로 통하는 것이다."
"나의 학문(공부)은 모두 스스로 고심하고 온 힘을 다해 얻은 것이다."

◆ 화담 서경덕 ◆
공부하면 성인이 될 수 있다

공부하면 성인이 될 수 있다

화담 서경덕은 도를 깨치는 것이 그렇게 어렵지 않고 멀리 있지 않다고 말한다. 그래서 공부를 하면 누구나 성인이 될 수 있다고 말한다.

"도는 사람에게서 멀리 있지 아니하나니, 공부하면 성인이 될 수 있다."〈박희병, [선인들의 공부법], 94쪽〉

또한 그는 성인과 범인의 차이는 마음을 닦는 데 있어서 얼마나 부지런한가에 달려 있다고 한다. 화담 선생은 이황과 동시대 인물이었지만, 이황의 공부 스타일과 매우 달랐다. 그 이유 중에 하나는 그의 집안이 몹시도 가난했기 때문이라고 할 수 있다.

이황은 책을 충실히 읽음으로써 도를 체득해 갔다. 하지만 서경덕은 사색을 통해 도를 체득해 나갔다. 그리고 이황은 책을 통해 얻은 깨달음을 현실 세계에서 적용했다면, 서경덕은 사색을 통해 얻은 깨달음을 성현의 책을 통해 확인해 갔던 것이다.

소크라테스는 다음과 같이 말한 적이 있다

"남의 책을 많이 읽어라, 남이 고생한 것을 가지고 쉽게 자기 발전을 이룰 수 있다."라고 말이다. 이황은 남의 책을 많이 읽었고, 그 덕분에 쉽게 자기 발전을 이루었다고 할 수 있다. 화담 서경덕에 비하면 말이다.

하지만 화담 서경덕은 어진 스승도 만나지 못했고, 책도 많이 읽을 형편이 못되었다. 결국 고생을 많이 했던 것이다. 이런 사실에 대해 화담은 이렇게 말하기도 했다.

"나는 젊은 시절에 어진 스승을 만나지 못해 공부에 헛된 힘을 많이 썼다. 공부하는 이들은 이런 나를 본받아서는 안 될 것이다."〈박희병, [선인들의 공부법], 96쪽〉

하지만 그가 어진 스승을 만나지 못한 것은 세상에 통달한 선비가 없었기 때문이라고 할 수 있다. 그에 대해 전해 내려오는 어렸을 때 일화를 살펴보면 이 사실을 잘 알 수 있다.

"서경덕은 송도 사람으로, 여러 대에 이르러 가문이 보잘것없고 집도 가난하였다. 일찍이 [서경(書經)]을 읽다가 '1년은 366일'이라는 주석을 보고 거듭 생각했으나 쉽게 풀리지 않았다. 그리하여 어떤 늙은 선비가 경서에 밝다는 소문을 듣고 그를 찾아가 가르침을 청했다. 그러나 늙은 선비는 우물쭈물하며 말했다.

'나도 그 대목에 이르러 수많은 사람들에게 물어보았으나 늙은 스승이나 나이 많은 선비라 하더라도 아는 사람이 없었다. 그리하여 나 또한 배우지 못하였다.'

서경덕은 집으로 돌아와 탄식하며 말했다.

"세상에 통달한 선비가 없으니 이 나라의 도는 사라졌구나!"

서경덕은 그 대목을 뜯어 벽에 붙여놓고 침식까지 잊으며 15일 동안 탐구하여 마침내 그것을 터득하게 되었다. 이때 그의 나이 열일곱이었다. 이후 그는 혼자 독학하여 명성이 날로 빛났는데 그를 추앙하여 배우러 찾아오는 사람들이 비록 천 리를 떨어져 있다 하더라도 멀게 여기지 않았다. 당대의 명망 있는 선비들이 대부분 그를 만나보고 가르침을 받을 정도였다. 〈이용범, [인생의 참 스승, 선비], 17~18쪽〉

그침을 알게 되는 공부를 하라

화담 서경덕 선생은 공부를 했다면 그침을 알게 되어야 한다고 말했다. 그래서 이런 말을 했다.

"군자가 공부를 귀히 여김은, 공부를 통해 그침(止)을 알게 되기 때문이다. 공부를 하고도 그침을 모른다면 공부하지 않은 것과 무엇이 다르겠는가." 〈박희병, [선인들의 공부법], 94쪽〉

[지학, 멈춤의 지혜]란 책을 보면 '멈춤'에는 깊은 의미가 함축되어 있다고 말한다. 하나의 큰 지혜로서 결코 아무것도 하지 않는 '정지'가 아니라, 때에 따라 변화하면서 승리를 성취하는 묘법이라는 것이다. 그리고 사리에 깊이 부합하여 물러남과 멈춤 속에서 나아감과 전진을 구하는 그런 처세의 철학이기도 하다고 이 책의 저자인 마수추안은 말하고 있다.

멈추지 말고 나아가라고만 배웠다면 인생 공부를 다시 하라고 마수추안은 말한다.

'큰 지혜는 멈춤을 알고, 작은 지혜는 계략만 안다.'

'많은 사람들이 이득을 좇기 때문에 행복이 적고, 현자는 공로를 양보해서 명망이 높다.'

'높은 재능이 지혜는 아니니, 지혜로운 사람은 스스로를 드러내지 않는다.'

이러한 말들을 통해서도 멈추는 것이 왜 중요한지를 알 수 있다. 한국 사회에는 앞으로 전진하고 일만 할 줄 알지 멈추고 휴식하고 놀 줄 몰라서 큰 문제가 야기되고 있다. 경제 성장은 세계적으로 찾아 볼 수 없을 만큼 빨리 했지만, 이혼율이 최고 수준으로 높고, 자살률도 또한 그렇다.

필자의 생각에는 이것이 모두 '그침'을 모르고 있기 때문이다. 일만 너무 많이 하고, 제대로 쉬거나 휴식을 취하거나 놀지 못하기 때문이다. 특히 남성의 경우는 더 심하다고 할 수 있다. 회사 생활을 하면서 정말 열심히 평생 앞만 달리다가 퇴직을 하게 되면 그 때부터 진짜 방황이 시작되는 것이다.

중간 중간에 조금씩 멈추고 자신과 인생을 성찰하고 멈출 줄 아는 지혜는 인생을 좀 더 훌륭하게 살아가기 위해 반드시 필요한 것이라고 생각한다. 화담 서경덕 선생은 공부를 제대로 한 사람이면 멈춤을 안다고 말했다. 바로 이러한 이유 때문에도 공부는 필요하다고 할 수 있을 것이다.

공부란 사물을 궁구하는 것이다

서경덕은 18세 때 대학을 읽다가 공부란 사물을 궁구하는 것이라는 깨달음을 얻었다고 한다.

"선생께서는 18세 때 [대학]을 읽다가 '앎을 이루는 것은 사물을 궁구함에 있다.'라는 구절에 이르러 개연히 탄식하기를,

'공부하는 데 있어 사물을 궁구하는 것을 먼저 하지 않는다면 독서를 한들 무슨 소용이 있겠는가!'라고 하였다. 이에 천지만물의 이름을 모두 써서 벽에다 붙여두고는 날마다 그 이치를 궁구하기를 일삼아서, 한 사물의 이치를 궁구하여 깨달은 이후에야 다시 또 다른 사물의 이치를 궁구하였는데, 만일 그 이치를 궁구하지 못하면 밥을 먹어도 그 맛을 알지 못하고 길을 걸어도 그 가는 곳을 알지 못했으며 심지어는 뒷간에 가더라도 일을 보는 것을 잊을 정도였다. 혹 며칠씩 잠을 자지 않다가 때로 눈을 붙이면 꿈속에서 그때까지 궁구하지 못했던 이치를 깨닫기도 하였다."〈박희병, [선인들의 공부법], 101~102쪽〉

화담 선생은 또 이런 말도 했다.

"옛 사람이 말하기를 '생각하고 또 생각하면 귀신이 통하게 해준다.'라고 했는데, 귀신이 통하게 해주는 게 아니라 마음이 스스로 통하는 것이다."〈박희병, [선인들의 공부법], 97쪽〉

즉 생각을 하고 또 생각을 하며 스스로 깨닫게 된다는 것이다. 그래서 화담 선생은 공부란 사물을 궁구하는 것인데, 그것은 결국 스스로 고심하여, 노력을 하여 얻는 것이라고 말했다.

"나의 학문(공부)은 모두 스스로 고심하고 온 힘을 다해 얻은 것이다."
〈박희병, [선인들의 공부법], 95쪽〉

그래서 화담 서경덕 선생의 공부는 한 마디로 마음으로 생각하고 생각

하여 사물에 대해 밝히 깨닫고 보게 되는 것이다. 그리고 그 방법은 스스로 깨닫고 얻는 것이기 때문에 자득(自得)이라고 할 수 있다.

이것이 바로 화담 서경덕 선생의 공부의 요체인 것이다.

사색을 통한 정진과 스스로 깨닫는 자득이 그의 공부론인 것이다. 그래서 그는 이런 말도 한 것임을 알 수 있다. 〈박희병, [선인들의 공부법], 93쪽〉

3년 동안 지독하게 공부를 하다

화담 서경덕 선생의 공부의 모습을 알고 나서 정말 필자는 많이 놀라지 않을 수 없었다. 다산 선생이 18년 동안 유배지에서 공부에 전념한 결과 복사뼈가 세 번이나 구멍이 날 정도였지만, 화담 선생도 놀라운 집중력으로 지독한 공부를 3년 동안 했다고 한다.

화담 선생이 얼마나 지독한 3년 공부를 했는지 잘 알 수 있는 대목을 발견했다.

"비록 옛 사람이 3년 동안 방 밖을 나가지 않고 겨울에는 화롯불을 쬐지 않고, 여름에는 부채도 없이 공부했다고 하나 이보다 더하지는 않았을 것이다. 당시 선생의 연세는 20세였는데, 밤낮을 가리지 않고 더위와 추위를 불문한 채 한 방에 꼿꼿이 앉아 있기를 3년 동안 하였다. 타고난 기운이 본래 강인하기는 했지만, 사색을 너무 지나치게 해 마침내 병이 생겨 문 밖을 나설 수 없게 되었다. 그러나 사색을 안 하려고 해도 또한 되지 않았다. 이렇게 하기를 또 3년 만에 병이 서서히 나았다. 그리하여 전후 6년 동안에 이치를 궁구하지 않은 사물이 없었지만, 오직 이치의 본원만큼은 아직 한 꺼풀이 가로막혀 있었는데 이때에 이르러 모두 깨달았으니 당시 선생의 연세 고작 24.5세였다."〈박희병, [선인들의 공부법], 102쪽〉

3년 이란 숫자는 매우 의미심장한 숫자가 아닐 수 없다. 필자는 이 사실을 잘 알고 있다. 누구보다 말이다. 왜냐하면 필자의 인생을 바꾼 시기가 바로 정확히 3년이기 때문이다.

필자가 평범한 직장인으로 11년 동안 직장생활을 한 후 작가로서의 제 2의 인생을 살 수 있게 된 결정적인 토대가 되어 준 것이 바로 3년 동안의 집중 독서였기 때문이다.

작가가 되겠다는 목표나 생각도 전혀 하지 않은 상태에서 그저 자유롭게 마음껏 책 읽는 재미에 빠져서 3년 정도를 책만 읽게 되자 어느 날 물통에서 물이 다 차면 저절로 흘러넘치듯 그렇게 글들이 흘러 넘쳐서 자연스럽게 글을 쓰는 사람이 되었던 것이다.

그런데 그 기간이 바로 3년 이라는 사실에 주목해야 한다. 왜냐하면 필자가 이런 경험을 한 후에 가만히 생각해 보니 3년 이란 세월 동안 독서와 공부를 통해 인생이 바뀐 사람이 적지 않다는 사실을 발견했기 때문이다.

믿기 힘들겠지만 알게 모르게 3년 독서의 법칙을 실천하여 인생이 바뀐 인물로 소프트 뱅크의 손정의 회장, 일본의 저술왕 나카타니 아키히로, 이문열 작가, 시골 의사로 불리는 박경철 원장, 13억 중국인을 하나로 만든 중국의 국가 주석이었던 모택동, 교보문고 창립자 신용호 선생

등을 들 수 있고, 이분들이 아니더라도 따지고 보면 3년을 전후로 한 기간 동안 집중적으로 공부나 독서를 통해 큰 자기 발전을 이룩하여 자신의 성공적인 삶의 토대를 만든 사람들이 어디 한 두 명 뿐일까?

필자가 [기적의 인문학 독서법]이란 책에서 소개했던 3년 독서의 법칙 중 일부를 간단하게 소개하면 이렇다.

일본 IT의 산 역사가 된 소프트 뱅크의 손정의 회장은 어린 시절 '조센징'이라는 놀림을 받으면서도 차별이 심한 일본에서 '인터넷 황제'가 되었다. 가난한 탄광노동자의 손자로 태어난 그가 일본제일 부자라는 명칭이 따라 다닐 정도로 큰 성공을 이룩할 수 있었던 원동력은 다름 아닌 '3년 동안의 집중적인 독서 경험'이었다.

그는 20대 후반의 나이에 3년 동안 간염으로 입원하여 투병생활을 하였다. 아무것도 할 수 없어서 빈둥거리다가 책을 한번 제대로 읽어보자는 생각이 들기 시작했다고 한다. 그래서 그날부터 책만 읽었다는 것이다. 3년 동안 4000권의 책을 읽었다고 한다. 그리고 그 독서 경험 덕분에 인생의 큰 계획과 그림을 그릴 수 있었다고 그는 말한다. 그 3년의 독서 공부가 그의 평생 동안의 성공의 토대가 되어주었다고 필자는 생각한다.

불우한 환경과 형편, 건강문제 등으로 인해 초등학교조차도 제대로 졸업하지 못한 대산 신용호 선생은 어떻게 해서 한국의 교육보험과 서점의 역사가 된 교보생명과 교보문고의 창립자가 될 수 있었을까? 정규교육을 제대로 받지 못한 그로 하여금 큰 성공을 할 수 있도록 해 준 것은 무엇일까? 그것은 그가 선택한 천일독서(千一讀書), 즉 '3년 동안의 집중 독서' 였다.

일본의 저술왕 나카타니 아키히로는 우리에게도 잘 알려진 베스트 셀러 작가이다. [20대에 하지 않으면 안 될 50가지], [30대에 하지 않으면 안 될 50가지], [면접의 달인] 등 그의 책 제목을 들으면 한 번쯤은 읽어 본 적이 있는 책들일 것이다. 그는 소설가에, 광고 기획자에, 텔레비전 MC에, 드라마에, 버라이어티 쇼에, 라디오에 출연할 정도로 많은 일을 해 내면서도 한 해 평균 60권 안팎의 책을 써 내는 다작가이다. 과연 그는 어떻게 이 많은 일들을 해 낼 수 있는 것일까? 어떻게 베스트셀러 작가가 될 수 있었던 것일까?

그의 원동력은 '3년 동안의 집중 독서'라고 할 수 있다. 그는 사실 3년 동안 3,000권을 읽었고, 여기에 1년 더 읽어서, 대학 4년 동안 4,000권의 책을 독파해 낸 사람이었다.

시골 의사로 불리는 박경철 원장은 의사이면서도 어떻게 베스트 셀러 작가가 될 수 있었던 것일까? 그의 원동력도 역시 '3년 동안의 집중 독서'라고 할 수 있다.

그는 중학교 3년 동안 수업만 끝나면, 도서관으로 달려가서 새벽까지 닥치는 대로 책을 다 읽어 버리는 폭발적인 집중 독서 경험을 가지고 있는 인물이었다. 평범한 자신과 같은 사람이 책을 한 권이라도 써 낼 수 있는 원동력의 8할이 바로 독서 때문이었다고 그는 말한다.

한국 역사상 최초로 노벨상을 수상하게 된 김대중 전 대통령은 독재와 탄압 속에서도 놀라운 정신력으로 이겨내고, 대통령이 되어, 한국의 '민주'와 '통일'이라는 큰 업적에 한 획을 그었다. 뿐만 아니라, 자신을 탄압한 전 대통령에 대해 어떠한 정치적 보복도 하지 않는 금도(襟度)를 보여

주었다. 한 마디로 한국 역사의 큰 인물이며, 세계적인 인물이다. 그로 하여금 역사적인 거인이 되게 해 준 원동력은 무엇이었을까?

그것은 바로 '3년 동안의 집중 독서 경험'이다.

그의 자서전을 보면 그는 4년여의 감옥 생활을 통해 아무런 구애를 받지 않고 독서에 몰입할 수 있었던 그 경험을 통해 보석과 같은 삶의 진리를 체득할 수 있었다고 밝히고 있다.

대학교 4학년 때 불치병인 '근육무기력증'이라는 큰 병에 걸려, 큰 시련과 좌절을 겪게 된 이랜드그룹의 박성수 회장은 어떻게 해서 그것을 견디어 내고, 이랜드 그룹의 창업자가 될 수 있었던 것일까?

그 원동력은 2년 6개월, 즉 거의 '3년 동안의 집중 독서 경험'이었다. 그는 병상에서 3,000권의 책을 독파 했다.

이런 사람들이 모두 3년을 전후로 한 기간 동안 지독한 독서를 했다는 공통점을 가지고 있다는 사실을 필자는 처음 발견하고 너무나 전율하며 놀라지 않을 수 없었던 것이다. 누군가 인생을 바꾸고 싶다면 3년만 지독하게 독서를 하고 공부를 해 보라고 조언해 주고 싶다.

특히 자신이 무엇을 하며 살아야 할 것인지! 자신이 무엇을 잘 할 수 있는 사람인지! 아무것도 알 수 없다면 더더욱 3년 동안의 지독한 공부가 필요하다. 평균 수명이 80세에서 90세로 육박하고 있고, 100세 시대라는 말이 나오는 이 시대에 3년은 어떻게 보면 매우 작은 기간일 수 있다. 그러므로 길게 본다면 한 번 도전해 볼 수 있는 그런 일이라고 필자는 생각한다.

독서보다 사색을 통해 공부하다

화담 서경덕 선생의 경우를 보면 다른 선비들, 다른 학자들과 매우 큰 차이점이 하나 있다. 그것은 공부의 방법론적인 문제이다. 그 차이점은 책을 읽는 독서를 통해 무엇인가를 배우고 깨닫는 것이 아니라 책에 의지하지 않고 스스로 고심하고 사색하여 무엇인가를 깨우치고 배운다는 것이다.

그가 어떤 식으로 공부를 하고, 사물에 대해 깨닫고 큰 깨우침을 얻는 공부를 했는지 그 방법을 아주 잘 설명해 주는 대목을 살펴보자.

"서경덕은 개성 사람으로서 자질이 총명하고 특출하였다. 젊어서 과거를 보아 생원에 합격하였는데, 이내 과거 공부를 버리고 화담에 초가집을 지어 오로지 사물을 궁구하기를 일삼아 혹 여러 날을 잠자코 앉아 있곤 하였다. 그가 이치를 궁구하는 방법은 하늘의 이치를 알고자 할 경우 하늘 '천(天)'자를 벽에다 써 붙였으며 이윽고 그것을 깨달은 후에는 다시 다른 글자를 써 붙이는 식이었다. 그 정밀하게 생각하고 힘써 연구함은 남들이 도저히 따라갈 수 없었다. 이처럼 하기를 여러 해 계속하자, 도리를 마음속에 환하게 깨우칠 수 있었다. 그 학문은, 독서를 일삼지 않고 오로지 사색하는 것이었으며, 그렇게 하여 깨달은 다음 독서를 통해 입증하였다.

늘 말하기를, '나는 스승이 없어 공부하는 데 지극히 힘들었지만 후인들은 내 말에 의거해 공부한다면 나처럼 힘들진 않을 것이다.'라고 하였다. 〈박희병, [선인들의 공부법], 103쪽〉

필자는 이 방법을 추천하지는 않는다. 왜냐하면 이 방법이 너무 힘들고 어렵고 많은 시간이 걸릴 뿐만 아니라 의지력이나 집중력이 평범한 사람들은 도저히 화담 선생처럼 그렇게 사색을 통해 용맹하게 정진해 나갈 수 없기 때문이다.

특히 필자처럼 평범한 두뇌를 가진 사람들은 거의 불가능한 방법이라고 밖에는 생각이 들지 않는다. 필자는 다행스럽게도 많은 책들을 읽으면서 남들이 평생, 힘들게 깨달은 소중한 것들을 너무나 쉽게 받아들일 수 있게 되었다. 그 덕분에 지금 한 달에 한 권 이상의 책을 출간하는 그런 작가가 될 수 있었던 것이다.

하지만 사색과 독서가 별개의 것이라고 생각하지 않는다. 결국 참된 독서는 지식의 축적이 아니라 사색의 확장과 훈련이라고 생각하기 때문이다. 독서를 아무리 해도 자신의 성장이 발전은 고사하고, 인생이 1%라도 바뀌지 않는 사람들이 있다. 이런 사람들은 독서를 잘못 했기 때문이라고 당당하게 말 할 수 있다.

이런 사람들은 독서를 통해 사색하는 힘을 기르기보다는 그저 책 속의 내용을 암기하고 이해하고 지식을 습득하는 독서를 하는 사람들이라고 말할 수 있다는 것이다. 그리고 이런 식으로 독서를 하지 않고, 사색을 위한 독서를 하는 사람들이 인생이 바뀌지 않는 이유는 독서의 임계점을 제대로 돌파하지 못하고 있기 때문이다.

독서의 임계점이란 필자가 졸저인 [기적의 인문학 독서법]이란 책에서 언급했던 말이기도 하다. 물통에 물이 저절로 흘러넘치게 되는 그 시점, 물이 끓게 되는 그 지점, 액체가 기체로 전환되는 그 지점이 바로 임계점인 것이다.

필자가 제안하는 독서의 임계점을 돌파해야 한다는 것은 큰 물통에 물을 붓다보면 어느 순간 다 차서 저절로 흘러넘치게 되는 시점이 있는데 그 시점을 돌파할 때 까지 물을 붓는 것을 쉬거나 멈추지 말라는 것이다.

물을 끓일 때 어떤 사람이 오늘 조금 열을 가해서 물의 온도가 99도 까지 올라갔지만 그것에서 멈추고, 내일 다시 물을 가열해서 또 90도 에서 멈추고 이것을 평생 반복하는 사람이 있다면, 그 사람은 평생 물을 한 번도 끓여본 적이 없는 그런 사람이 되는 것이다.

과연 이런 사람이 있을까? 물을 끓이는 것은 아무리 많이 걸려도 5분이면 충분히 물이 끓기 때문에 누구나 다 물을 끓일 수 있다. 하지만 만약에 물을 끓이는 데 걸리는 시간이 지금보다 열 배 정도 많이 걸리게 된다면 물을 끓일 수 있는 사람들도 줄어 들 것이다.

그 시간을 기다리지 못하기 때문이다. 독서도 이와 다르지 않다. 오늘 조금 읽고, 또 내일 조금 읽어서 평생 읽는 것보다는 집중적으로 독서하여 독서의 임계점을 돌파하는 그런 경험이 필요하다는 것이다.

화담 서경덕 선생은 사색을 통해 사색의 임계점을 20대에 돌파한 학자인 것 같다. 하지만 그가 그렇게 할 수 있었던 것은 자질이 총명하고 특출했기 때문이다. 그러므로 평범한 사람들의 경우에는 독서를 통해 조금 더 시간과 노력을 절약할 수 있는 방법을 선택하는 것이 바람직할 것이다. 현대인들은 하루 종일 도서관에서나 방 안에서 책을 읽는 것도 힘들어 할 정도로 몸과 마음이 나약해졌고, 나태해 졌음을 부인 할 수 없을 것 같다. 과거 선비들보다 훨씬 더 좋은 환경에서 살고 있기 때문에 조금만 노력하고 실천한다면 쉽게 공부를 할 수 있고, 쉽게 향상될 수 있음에도 게임이나 음주가무 등에 마음을 빼앗겨 공부하려고 하지 않는 것이 현대인이 아닐까? 라는 생각도 해본다.

"반대하거나 논쟁하기 위해 독서하지 말라. 그렇다고 해서 있는 그대로 수용하기 위해서도 독서하지 말라. 그저 자신이 생각하고 연구하기 위해서 독서하라."

프랜시스 베이컨의 이 말처럼 독서는 결국 사색을 위한 방편일 뿐임을 알아야 할 것 같다. 화담 서경덕 선생처럼 뛰어난 사람은 독서라는 과정을 뛰어넘어 사색을 할 수 있는 특별한 학자였던 것만은 틀림없는 사실인 것 같다.

굶주림도 공부의 즐거움을 빼앗지 못하다

화담 서경덕 선생은 며칠을 굶주려도 공부의 즐거움을 빼앗기지 않았던 공부의 대가였다. 그가 어떠한 삶을 살면서 공부의 끈을 놓지 않았는지, 그리고 그로 하여금 그렇게 할 수 있게 해 준 것이 바로 공부하는 즐거움이었다는 사실에 대해 알 수 있는 대목을 살펴보자.

"그 논리는 장횡거의 설을 많이 주장하여 정자나 주자와는 조금 달랐지만, 스스로 이치를 깨친 즐거움은 사람들이 헤아릴 수 있는 바가 아니었다. 항상 마음속 가득히 기뻐하여, 세상의 득실과 시비와 영욕을 가슴속에 담지 않았다. 살림살이를 돌보지 않아 자주 양식이 떨어지고 배고픔을 참아야 했는데, 사람들이 견디지 못하는 이런 어려움 속에서도 학문하는 즐거움을 잃지 않았다. 그 문하생인 강문우가 쌀을 갖고 찾아뵈

었는데, 경덕은 화담의 초가에 앉아 있었다. 날이 이미 점심때를 넘겼으나 경덕은 학문적 논의로 사람들을 감동시키며 조금도 피곤한 기색을 보이지 않았다. 문우가 부엌에 들어가 그 집 사람에게 물어보니,

'그저께부터 양식이 떨어져 밥을 짓지 못했다.'라고 말했다 한다."〈박희병, [선인들의 공부법], 104쪽〉

화담 서경덕 선생은 세상의 득실에 연연하지 않았다는 것이다. 뿐만 아니라 세상의 시비나 영욕과 같은 것들도 모두 마음속에서 비우고 공부하는 기쁨으로 가득하여 어떤 어려움 속에서도 공부하는 즐거움을 잃지 않았던 조선의 선비였던 것이다.

무엇보다 공부를 통해 즐거움과 기쁨을 맛보는 것은 매우 중요하다고 생각한다. 그러한 기쁨과 즐거움을 한 번이라도 제대로 느껴본 사람은 공부를 멈출 수 없다. 기쁘고 즐겁기 때문이다.

공자 역시 평생 공부하는 대가였던 이유가 공부의 기쁨과 즐거움을 그 누구보다 더 잘 알았던 사람이었기 때문이다. '주역(周易)을 하도 많이 읽어 책을 묶었던 가죽 끈이 세 번이나 끊어질 정도였다'는 위편삼절(韋編三絶)이라는 말이 생긴 이유가 바로 그가 공부의 즐거움을 알았기 때문이었던 것이다. 즐겁지 않다면 누가 그렇게 열심히 할 수 있을까?

돈이나 명성을 아무리 얻을 수 있다고 해도 자신이 미칠 정도로 좋아하는 일을 하는 것과 그저 돈이나 명성을 얻기 위해 열심히 하는 것에는 확연한 차이가 발생할 수밖에 없는 것이 인간인 것이다.

'많이 아는 자보다 좋아하는 자가 낫고, 좋아하는 자보다 즐기는 자가 더 낫다(知之者 不如好之者 好之者 不如樂之者)'라고 하는 말이 절대로 틀

린 말이 아닐 것이다.

위편삼절이란 말은 사마천의 '사기: 공자세가(史記:孔子世家)'에 나오는 말이다. "孔子晩而喜易讀易 … 韋編三絶"(공자가 만년에 역경을 좋아하여 계속 읽었기에 … 마침내 가죽 끈이 세 번이나 끊어졌다)는 언급에서 유래된 것이라고 한다. 그렇다면 인간은 왜 무엇인가에 즐거움을 느끼게 되고, 그것을 즐기게 되면 끝없이 지속할 수 있는 것일까? 그 이유는 우리의 뇌 속에 답이 있다.

'러너스 하이(runners' high)'라는 말이 있는 데 이것도 즐거움과 우리 뇌의 뗄 수 없는 관계 때문이다.

달리기를 하면 처음에는 힘이 들고 약간의 고통을 느끼고, 숨이 차고, 다리는 아파 오고, 힘은 빠진다. 하지만 이 순간을 통과하고, 이 순간을 넘어 달리는 순간, 고통 후에 오는 말 할 수 없는 희열과 쾌감을 느끼게 되는데, 바로 이러한 희열과 쾌감을 지칭하는 말이다.

이 용어는 미국의 심리학자 A.J. 맨델이 '세컨드 윈드(Second wind)'라는 논문에서 처음 사용했다. 즉 '러너스 하이'란 달리기를 하게 되면, 일정한 고통의 단계를 거쳐서, 즉 30분 정도 이상 계속했을 때, 우리의 두뇌에서 쾌감을 느끼게 하는 물질이 분비되어, 행복감과 황홀감과 함께, 육체적인 고통을 잊게 해주고, 희열과 만족감 등을 느끼게 되는 것을 말한다.

이 때 우리는 말 할 수 없는 쾌감을 느끼면서 기분이 좋아지게 된다. 바로 이것은 마약을 투여할 때와 거의 비슷한 메커니즘으로 우리 신체는 반응한다. 그래서 달리기에도 중독성이 있는 이유이다.

공부를 통해 지적 쾌감을 느끼고, 공부하는 즐거움을 맛본 학자들은 공부에 중독이 되어 버려서 도저히 공부를 포기할 수 없다고 말할 수 있다. 평범한 사람들은 이렇게 강력한 공부하는 즐거움을 단 한 번도 느껴 보지 못했기 때문에 굶으면서도 공부하는 즐거움에 푹 빠져서 공부하는 선비들을 이해하지 못하는 것이다.

이것은 러너스 하이를 통해 달리기의 참된 기쁨을 느껴 본 적이 있는 사람들, 즉 달리기에 중독된 사람들이 비가 올 때는 우산을 받쳐 들면서까지 달리기를 하는 사람들을 보통 사람들이 이해하지 못하는 것과 같은 것이다.

그리스의 유명한 수학자는 목욕탕에서 목욕을 하다가 오랫동안 몰랐던 수학의 방정식을 깨닫고서는 너무 기쁜 나머지 자신이 벌거벗었다는 사실을 잊고, 벌거벗은 채로 거리로 나와 소리쳤다고 하니 얼마나 큰 기쁨인지 이해가 가는가?

이렇게 신명 나게 좋은 것이 사실 공부이다. 최소한 공부의 맛을 아는 사람은 이러한 쾌감이 세상에 존재하는 그 어떤 쾌감보다 더 강력하다는 소중한 사실을 알고, 소중한 체험을 한 사람들이라고 할 수 있다.

그렇다면 공부를 하면 왜 쾌감을 얻게 될까? 그것에는 신비한 뇌 과학적 비밀이 숨겨져 있다. 무엇인가를 새롭게 알게 될 때, 우리의 뇌는 쾌감 물질인 도파민을 분비하게 되고, 이것은 강력한 쾌감을 느끼게 해 준다. 또한 인간은 모두 지적인 호기심이 가득 찬 동물이기 때문에, 그러한 호기심이 충족이 될 때, 도파민이 분비된다. 그리고 인간의 본능적인 욕구 중에서 가장 최상의 것들 중에 하나가 지적 충족이다.

평생 베옷을 입고 공부하다

서경덕 선생은 한 때 과거를 몇 번 본 경험이 있는 것 같다. 특히 어머니의 뜻에 따라 생원시에 응시해 합격하였으나, 그 뒤로 다시는 과거를 보지 않았던 것 같다. 말년에 누군가가 천거하여 참봉에 제수되어도 부임하지 않고 공부에만 전념했다.

어느 날, 홍인우가 와서 선생에게 선비에게는 여러 가지 길이 있다고 말하면서 선생은 어떤 부류의 선비인지를 물었다. 이 때 서경덕 선생의 답변과 홍인우의 질문을 살펴보자.

"어느 날, 홍인우가 선생에게 물었다. '선비가 나아가고 머무는 것에는 여러 가지 길이 있습니다. 어떤 사람은 도를 얻었으나 때가 맞지 않으면 그 도를 숨기고 살며, 어떤 이는 백성들을 다스릴 만하나 자신의 덕과 분수를 헤아려 스스로 벼슬에 나가지 않습니다. 또 어떤 이는 밝은 임금을 모시며 배운 바를 시험할 만하여도 스스로 세속에 구속되지 않고 자신이 원하는 대로 살며, 어떤 이는 비록 스스로의 덕을 다 이루지 못했음에도 어리석은 백성들을 두고 볼 수 없어 부득이 세상에 나와 일을 합니다. 그렇다면 선생께서는 어느 쪽에 해당합니까?'

서경덕은 빙그레 미소를 지으며 한참 있다가 말을 꺼냈다.

'나는 평생 선현의 글만 읽었고, 세상이 부러워하는 과거에 두 번 이나 떨어졌네. 나이 쉰에 이르기까지 세속과 떨어져 살았으니 더 이상 바랄 것이 없네.'

두 번째 방문했을 때 홍인우가 다시 물었.

'대제학 김안국이 선생님을 벼슬에 천거하려 하는데 만일 조정에서 벼

슬을 내린다면 어찌하시겠습니까?'

서경덕이 답했다.

'나의 분수와 능력을 헤아리건대, 비록 작은 관직이라도 감당할 수 없네. 다행히 벼슬이 내리면 우선 감사히 여기겠으나 감당할 수 없으면 물러날 것이네.'

결국 김안국의 천거로 서경덕은 중종 말년 참봉에 제수되었다. 그러나 부임하지 않은 채 평생 베옷을 입고 학문을 연구했다."〈이용범, [인생의 참스승, 선비], 19~20쪽〉

한 마디로 화담 서경덕 선생은 출세하는 것보다 공부를 더 좋아했다고 할 수 있을 것 같다. 그가 그렇게 할 수 있었던 것은 한 마디로 공부의 참된 기쁨과 즐거움을 누구보다 잘 알고 있었던 학자였기 때문이라고 필자는 생각한다.

지금 이 시대에 장관 자리를 사양하고 평생 베옷을 입고 거친 음식을 먹으면서도 공부의 기쁨과 즐거움을 누리며 공부만 할 수 있는 사람이 과연 몇 명이나 될까? 조선 시대의 청렴했던 선비들이 필자는 몹시 그립다.

우암 송시열(尤庵 宋時烈) / 1607~1689년

"옛날에는 공부를 하는 데 말을 많이 하지 않았습니다. 극기복례를 말하면 바로 실제의 극기복례하는 공부를 했습니다. 그러므로 단지 '극기복례' 네 자 만으로도 성인이 될 수 있었습니다. 오늘날에는 말이 매우 많아졌지만 원래 실제의 공부가 없습니다. 그러므로 또한 실제의 효과가 없는 것입니다."

◆ 우암 송시열 ◆
말을 적게 하는 공부를 하라

말을 적게 하는 공부를 하라 _ 과언공부(寡言工夫)

우암 송시열 선생의 공부법은 한 마디로 말을 적게 하는 공부법이다. 아무리 많이 배우고 공부를 했다고 해도 말을 많이 하게 되면 결국 자기 자랑이 될 수밖에 없고, 자신이 배우고 익힌 것에서 벗어나 실수를 할 수밖에 없다.

그래서 '다언삭궁(多言數窮)'이라고 노자가 말한 것처럼 우암 송시열 선생은 말을 적게 하는 공부를 평생 실천하셨던 선비였다.

그의 이러한 공부 모습에 대해 설명한 대목을 살펴보자.

"선생께서는 젊어서부터 몸가짐이 엄하고 단정하셨으며, 앉을 적에는 반드시 꿇어 앉으셨고, 말을 하실 적에는 반드시 적게 하셨다. 남들이 가까이 하기를 어렵게 여기면 더욱더 공경히 하셨다. 만년에 매우 화평하셨지만, 꿇어앉는 공부는 더욱 돈독해서 무릎을 펴신 적이 없으셨으며, 말을 적게 하는 공부는 더욱 익숙해서 말을 많이 하신 적이 없으셨다. 일찍이 스스로를 말씀하시기를 "나의 본성은 말을 많이 하질 못한다. 그러므로 기뻐할 만한 사람을 만나더라도 안부를 묻는 것 외에는 다시 말이 없었다."라고 하셨다."〈최석기, [우리가 꼭 알아야 할 공부], 264쪽, (송시열, [송자대전], 부록 권 18, 어록)〉

이렇게 말을 적게 하는 공부를 한자어로 하면 '과언공부(寡言工夫)'라고 할 수 있다. 우리는 조금만 배우면 말이 많아진다. 그렇기 때문에 더 큰 성장이 없는 것인지도 모른다. 우리 선조들은 우리와 반대였던 것 같다.

율곡 이이 선생이 경연에 나가서 한 말 중에서도 보면 말을 적게 하는 공부에 대한 대목이 있음을 알 수 있다.

"오늘날 사람들은 예전 사람들처럼 궁리공부가 없이 곧바로 극기를 하려 하니, 어떤 것이 사욕이 되고, 어떤 것이 예가 되는지 모릅니다. 혹 반대로 자신의 사욕으로 천리를 삼는 경우도 있습니다. 이것이 바로 격물치지를 [대학]의 처음 공부로 삼는 까닭입니다.

또한 옛날에는 공부를 하는 데 말을 많이 하지 않았습니다. 극기복례를 말하면 바로 실제의 극기복례하는 공부를 했습니다. 그러므로 단지 '극기복례' 네 자 만으로도 성인이 될 수 있었습니다. 오늘날에는 말이 매우 많아졌지만 원래 실제의 공부가 없습니다. 그러므로 또한 실제의 효과가 없는 것입니다."〈최석기, [우리가 꼭 알아야 할 공부], 285쪽(이이, [율곡전집], 권29)〉

한 마디로 공부에는 많은 말이 필요하지 않다는 말이다. 말을 적게 하는 과언공부와 비슷한 것이 바로 묵언수행이다. 우리는 공부도 삶도 묵언수행을 하듯이 해야 할 것이다. 말을 많이 하는 것을 자제해야 할 필요가 있다. 특히 공부를 잘 하고 싶다면 말이다.

서애 유성룡(西厓 柳成龍) / 1542~1607년

"공부하는 사람에게 중요한 것은 마음이 안정됨으로써 생각이 맑아지는 것이다."
"학자에게 귀한 것은 자신의 심지(心志)가 안정됨으로써 사려(思慮)가 맑고 밝게 되는 것이다. 그런 뒤에 격물치지(格物致知)의 궁리공부(窮理工夫)를 비로소 조처함이 있게 된다. 마음에 배양하고 함축한 힘이 없으면, 이른바 박학(博學)하고 심문(審問)하고 신사(愼思)하고 명변(明辯)하며 성찰(省察)하고 극치(克治)하는 공부가 어디에 의지하고 근거하겠는가?"

◆ 서애 유성룡 ◆
마음을 다잡는 공부를 하라

공부하는 자에게 중요한 것은 마음이다

서애 유성룡 선생은 공부의 제일 근본은 '마음을 고요하고 담박하게 하는 것'이라고 말한 적이 있다. 마음이 안정되고 힘이 있고 흔들림이 없을 때 공부를 확장시켜 나갈 수 있게 된다고 말한다.

즉 아무리 박학다식하고 현명하고 통찰력이 있다고 해도 먼저 마음을 안정시키고, 마음을 수렴하는 것이 제일 근본이라는 것이다. 그렇기 때문에 마음이 안정되어 있는 사람이 다른 공부를 잘 할 수 있게 된다는 것이다.

즉 공부하는 사람에게 중요한 것은 마음이 들뜨지 않고 차분하게 마음을 다잡는 것이라고 그는 말했다. 이런 사실을 [서애집(西厓集)]을 통해 알 수 있다.

"선생은 젊어서부터 세상의 학자들이 문장의 뜻만 파악하려는 말단적인 데에 얽매여 본원공부를 하지 않는 것을 걱정하셨다. 그래서 '항상 학자에게 귀한 것은 자신의 심지(心志)가 안정됨으로써 사려(思慮)가 맑고 밝게 되는 것이다. 그런 뒤에 격물치지(格物致知)의 궁리공부(窮理工夫)를 비로소 조처함이 있게 된다. 마음에 배양하고 함축한 힘이 없으면, 이른바 박학(博學)하고 심문(審問)하고 신사(愼思)하고 명변(明辯)하며 성찰(省察)하고 극치(克治)하는 공부가 어디에 의지하고 근거하겠는가?'라고 하셨다. 선생은 남들과 학문을 논할 적에는 반드시 마음을 수렴하는 것을 제 일건의 일로 삼으셨다."〈최석기, [우리가 꼭 알아야 할 공부], 285쪽, (유성룡, [서애집], 권2)〉

서애 유성룡 선생이 가장 중요하게 생각하는 공부는 마음 공부라고 할 수 있다. 마음이 허황되게 들뜨고 분산되는 것을 가장 경계하셨던 것이다.

그런 점에서 눈에 보이는 박학다식한 사람들의 그런 지식들과 글을 잘 외우고 글을 잘 짓는 행동 등을 경계해야 한다. 외형적으로 보이는 배움이나 학식보다 더 중요한 것은 눈에 보이지 않는 마음이기 때문일 것이다. 그런 점에서 서애 선생은 마음을 수양해서 수렴하는 것을 본원공부(本源工夫)라고 말한 것이다. 그리고 이와 상반되는 것이 바로 말단공부이다. 말단공부는 글을 외우고, 글이나 짓고, 박학다식을 자랑으로 여기는 것과 같은 남에게 보이기 위한 공부이다.

이것을 다른 말로 위인지학(爲人之學)이라 할 수 있을 것이다.

공부를 잘 하는 것과 마찬가지로 삶을 잘 살아가기 위해서도 무엇보다 중요한 것은 마음이다. 마음가짐이 어떠하냐에 따라 삶이 달라지고, 공부의 성과와 성격도 달라진다. 마음가짐이 어설픈 사람은 공부도 어설프다. 하지만 마음가짐이 곧고 올바른 사람은 공부도 그럴 것이다. 인생을 잘 살아가기 위해서라도 무엇보다 마음가짐이 중요하다. 우리가 공부를 해야 하는 이유도 바로 이것이다. 공부를 통해 우리는 마음을 다잡을 수 있고, 마음가짐을 향상시킬 수 있기 때문이다.

백곡 김득신(柏谷 金得臣) / 1604~1684년

"〈백이전〉은 1억 1만 3천 번을 읽었고, 〈노자전〉, 〈분왕〉, 〈벽력금〉, 〈주책〉, 〈능허대기〉, 〈의금장〉, 〈보망장〉은 2만 번을 읽었다. 〈제책〉, 〈귀신장〉, 〈목가산기〉, 〈제구양문〉, 〈중용서〉는 1만 8천번, 〈송설존의서〉, 〈송수재서〉, 〈백리해장〉은 1만 5천 번, 〈획린해〉, 〈사설〉, 〈송고한상인서〉, 〈남전현승청벽기〉, 〈송궁문〉, 〈연희정〉, 〈지등주북기상양양우상공서〉, 〈응과목시여인서〉, 〈송구책서〉, 〈마설〉, 〈후자왕승전〉, 〈송정상서서〉, 〈송동소남서〉, 〈후십구일부상서〉, 〈상병부이시랑서〉, 〈송료도사서〉, 〈휘변〉, 〈장군묘갈명〉은 1만 3천 번을 읽었다. 〈용설〉은 2만 번 읽었고, 〈제악어문〉은 1만 4천 번을 읽었다. 모두 36편이다."

◆ 백곡 김득신 ◆
조선 시대 최고의 독서가

억 만 번 책을 읽고 성공한 학자

조선 시대를 통틀어 최고의 독서가라고 하면 누구를 지칭해야 할까? 필자는 무조건 '백곡 김득신' 선생이라고 생각한다. 왜냐하면 그는 타고난 둔재였지만, 독서를 통해, 그것도 평범한 독서가 아니라 지독한 독서를 통해 천재로, 당대를 대표하는 시인으로 도약한 인간 승리의 롤 모델이기 때문이다.

순암 안정복이 그 당시 백곡 김득신 선생과 그의 서재인 '억만재'에 대해 적은 글을 살펴보면 백곡 선생의 놀라운 독서 이야기를 알 수 있다.

"백곡 김득신이라는 사람이 있다. 그는 자가 자공이다. 타고난 자질이 어리석고 멍청했으나, 유독 독서만은 좋아했다. 밤낮으로 책을 부지런히 읽었는데, 대체로 옛 글을 읽은 횟수가 1만 번이 넘지 않으면 멈추지 않았다. 특히 사마천의 [사기] '백이전'을 좋아했는데, 읽은 횟수가 무려 1억 1만 8천 번에 이르렀다. 이 대문에 그의 작은 서재를 억만재라고 이름

붙였으며, 문장으로 크게 이름을 드날렸다."〈안정복, [순암선생문집], '상헌수필하', 고전연구회, [조선의 선비 서재에 들다], 219쪽〉

또한 판서 유재 이현석은 백곡의 묘갈명에 이렇게 썼다고 한다.

" 무회씨와 갈천씨의 백성이고 맹교와 가도의 시구나 팔십 년 행한 마음 하루처럼 한결같아 억만 번 독서함이 기이하고 기이하구나."〈안정복, [순암선생문집], '상헌수필하', 고전연구회, [조선의 선비 서재에 들다], 220쪽〉

한 마디로 백곡 선생은 억만 번 독서를 통해 인생을 바꾼 위인이라고 할 수 있다. 그가 독서의 대가이자 조선 시대 최고의 독서가라고 할 수 있는 이유 중에 하나는 그가 어렸을 때는 평범했던 사람이 아니라 거의 바보에 가까운 그런 멍청하고 우둔한 사람이었기 때문이다.

그는 비록 명문 사대부에 태어났지만, 너무나 둔하고 어리석고 멍청하여 글을 배우기 시작한 나이도 다른 또래 아이들보다 못했고, 한 가지라도 배우고 돌아서면 확실하게 까먹는 그런 아이였다.

오죽했으면 주위 사람들이 모두 글공부를 그만두라고 할 정도였을까? 주위 사람들이 아무리 가르쳐보아도 이것은 돌을 가르치는 것보다 더 못하기 때문이었던 것이다. 다른 또래 사람들은 20살에 과거에 합격하여 이름을 날렸지만, 백곡 선생은 이 때 겨우 글을 지을 수 있게 되었던 것이다. 하지만 백곡 선생은 읽고 또 읽었다. 이것이 바로 백곡 선생의 최고의 독서법이었던 것이다.

읽고 또 읽는 것이 독서의 최고 비법이다

다산 선생조차 백곡 선생이 독서의 지존이라는 점에 대해 다음과 같이 인정했다.

'문자와 책이 존재한 이후 종횡으로 수천 년과 3만 리를 뒤져 보아도 부지런히 독서한 사람으로 김득신을 으뜸으로 삼을 만하다.'

김득신은 읽고 또 읽어도 둔재에서 벗어나지 못했다. 하지만 그가 그렇게 읽고 또 읽었기 때문에 둔재로 태어났음에도 60세가 다 된 59세에 과거에 급제할 수 있었던 것이고, 당대를 대표하는 시인의 반열에 오를 수 있었던 것이라고 필자는 생각한다.

백곡 선생을 보면 생각나는 말이 있다. 〈중용〉에 나오는 '백천지공(百千之工)'이라는 말이다. 이 말은 쉽게 말해서 ' 남이 한 번에 능히 하면 나는 열 번을 하고, 남이 열 번에 능히 하면 나는 천 번을 한다. 그러므로 배우지 않으면 그만이지만, 만일 능하지 못하다면 절대 배움을 중단하지 말아야 한다' 는 의미가 있다고 말할 수 있다.

그런데 백곡 선생이 바로 이 말의 주인공이라고 말을 해도 틀리지 않기 때문이다. 백곡 선생은 남들이 몇 백 번 읽었다면, 자기 자신은 몇 천 번, 몇 만 번을 반복해서 읽어서 익힐 때 까지 절대 독서를 중단하지 않았던 그런 인물이었던 것이다.

그가 얼마나 많이 반복하며 글을 읽었는지는 그의 서재 이름에서도 잘 알 수 있다. 그의 서재 이름이 '억만재(億萬齋)'이다. 글자 그대로 글을 읽을 때 억 만 번이 넘지 않으면 멈추지 않았다고 해서 붙여진 이름이었던 것이다.

실제로 그는 그의 옛 집에 걸려 있는 '독수기'에, 자신이 평생 1만 번 이상 읽은 글 36편의 목록을 적어 놓기도 했다. 이 중에서도 [사기] 백이 전을 무려 1억 1만 3천 번이나 읽었다고 기록되어 있다.

그가 진정 얼마나 독서를 열심히 한 사람인지 그의 〈독수기(讀數記)〉를 살펴보면 확실하게 알 수 있다.

"〈백이전〉은 1억1만3천 번을 읽었고, 〈노자전〉, 〈분왕〉, 〈벽력금〉, 〈주책〉, 〈능허대기〉, 〈의금장〉, 〈보망장〉은 2만 번을 읽었다. 〈제책〉, 〈귀신장〉, 〈목가산기〉, 〈제구양문〉, 〈중용서〉는 1만8천번, 〈송설존의서〉, 〈송수재서〉, 〈백리해장〉은 1만5천 번, 〈획린해〉, 〈사설〉, 〈송고한상인서〉, 〈남전현승청벽기〉, 〈송궁문〉, 〈연희정기〉, 〈지등주북기상양양우상공서〉, 〈응과목시여인서〉, 〈송구책서〉, 〈마설〉, 〈후자왕승복전〉, 〈송정상서서〉, 〈송동소남서〉, 〈후십구일부상서〉, 〈상병부이시랑서〉, 〈송료도사서〉, 〈휘변〉, 〈장군묘갈명〉은 1만3천 번을 읽었다. 〈용설〉은 2만 번 읽었고, 〈제악어문〉은 1만4천 번을 읽었다. 모두 36편이다.

〈백이전〉, 〈노자전〉, 〈분왕〉을 읽은 것은 글이 드넓고 변화가 많아서였고, 유종원의 문장을 읽은 까닭은 정밀하기 때문이었다. 〈제책〉, 〈주책〉을 읽은 것은 기굴(奇崛)해서고, 〈능허대기〉, 〈제구양문〉을 읽은 것은 담긴 뜻이 깊어서였다. 〈귀신장〉, 〈의금장〉, 〈중용서〉 및 〈보망장〉을 읽은 것은 이치가 분명하기 때문이고, 〈목가산기〉를 읽은 것은 웅혼해서였다. 〈백리해장〉을 읽은 것은 말은 간략한데 뜻이 깊어서이고, 한유의 글을 읽은 것은 스케일이 크면서도 능욱하기 때문이다. 무릇 이들 여러 편의 각기 다른 문체 읽기를 어찌 그만둘 수 있겠는가?

갑술년(1634)부터 경술년(1670) 사이에 〈장자〉와 〈사기〉, 〈대학〉과 〈중용〉은 많이 읽지 않은 것은 아니나, 읽은 횟수가 만 번을 채우지 못했기 때문에 〈독수기〉에는 싣지 않았다. 만약 뒤의 자손이 내 〈독수기〉를 보게 되면, 내가 책 읽기를 게을리하지 않았음을 알 것이다. 괴산 취묵당에서 쓴다."〈[독수기], 정민, [미쳐야 미친다], 52~53쪽〉

중국의 시성 두보는 '독서파만권 하필여유신'이라는 말을 한 적이 있다. '만 권의 책을 읽으면 글을 쓰는 것이 신의 경지에 이르게 된다'라는 의미이다. 추사 김정희 선생도 이와 비슷한 말을 한 적이 있다. '가슴 속에 만 권의 책이 들어 있어야 글과 그림이 저절로 흘러 넘치게 된다.'는 말이다.

그런데 백곡 김득신 선생은 엄청난 양의 독서를 통해 시를 쓰는 것이 신의 경지에 이른 사람이다. 비록 그 기간이 남들보다 몇 배 혹은 몇 십 배 더 길었지만, 그럼에도 독서는 정직한 것이었음을 잘 보여준다.

필자는 독서의 최고 비법으로 백곡 선생의 독서비법인 '읽고 또 읽는 독서법'을 추천하고 싶다. 물론 이것은 '많은 책을 두루 읽는 독서법'과 크게 다르지 않을 것이다. 과거에는 책들이 많지 않았고, 그 주제에 대한 비슷한 내용의 책들을 여러 권 구하기도 쉽지 않았다. 그래서 한 권의 책을 읽고 또 읽어야 했다. 하지만 지금은 비슷한 내용의 책들을 쉽게 수 십 권 혹은 수 백 권 구할 수 있다. 그렇기 때문에 굳이 한 권에 매몰되어 그 책을 수 십 번 읽는 것보다는 그 시간에 다양한 책들을 읽으면 자연스럽게 어떤 주제에 대해서 반복하는 효과가 생길 뿐만 아니라 한 두 명의 작가의 견해에 갇히게 되는 병폐를 막을 수 있게 된다.

청장관 이덕무(李德懋) / 1741~1793년

"글 읽는 횟수는 시간을 배정해야 하고, 배정된 시간을 넘나들어 더 읽기도 하고 덜 읽기도 해서는 안 된다. 나는 어릴 때 하루도 공부하는 과정을 빼먹은 적이 없었다. 아침에 40, 50 줄을 배워서 하루 50번을 읽었는데, 아침부터 저녁까지 다섯 차례로 분배하고 한 차례에 열 번씩 읽었다."

"[중용] 첫 장을 다섯 번 읽었다. 이하도 이 횟수에 의하기로 하였다."

◆ 청장관 이덕무 ◆
규율이 있는 공부를 하라

책만 보는 바보 _ 간서치

청장관 이덕무는 박학다식하였고, 개성이 뚜렷했다. 하지만 그가 이룬 학문에 비해서 그는 크게 등용되지 못했다. 그 이유는 그가 서출(庶出)이기 때문이다. 중국 청나라에 건너가 선진 문물을 배우고 공부를 했기 때문에 북학 발전의 기초를 마련할 수 있었다.

이덕무는 서자였다. 하지만 서자라는 신분적 제약, 허약한 몸 등과 같은 불우한 환경을 공부에 대한 열정으로 승화시켰고, 공부를 진정 즐기며 누릴 줄 아는 공부의 대가의 모습을 보여 주었다. '책만 보는 바보' 즉 '간서치(看書痴)'로 우리에게 이미 잘 알려진 조선의 선비 이덕무는 한 마디로 공부에 대해 열정의 화신이라고 표현해야 맞을 것 같다. 그래서 그는 평생 책만 읽는 공부를 인생의 즐거움으로 삼고 살았던 인물이다. 일단 잘 알려진 그의 [간서치전]의 내용 중 일부를 살펴 보자.

"목멱산(木覓山, 남산) 아래 어떤 어리석은 사람이 산다. 어눌하여 말을 제대로 하지 못하고 성격마저 졸렬하고 게을러 세상일이라곤 알지 못한다. 바둑이나 장기 놀이 따위는 더욱 알지 못한다. 다른 사람들이 욕을 해도 들은 체도 하지 않고 칭찬한다고 해도 좋아하지 않고 오직 책을 보는 것으로 즐거움을 삼아 춥거나 덥거나 배고프거나 전혀 느끼지 못하였다. 어렸을 때부터 스물한 살이 될 때까지 하루도 책을 손에서 놓은 적이 없었다. 매우 좁은 방에서 살지만 동쪽, 남쪽, 서쪽에 창문이 각각 있어 햇빛 비추는 방향에 따라 동쪽 창문에서 서쪽 창문으로 옮겨가며 책을 본다. 보고 싶었던 책을 보면 기뻐서 큰 소리로 웃기에 집안사람들은 웃음소리만 들어도 보고 싶었던 책을 본다는 것을 알았다. 또 두보의 오언율시를 특히 좋아하여 병을 앓는 사람인양 웅얼웅얼 거리고 깊이 생각하다가 심오한 뜻을 깨우치면 기뻐서 일어나 이리저리 왔다 갔다 한다. 기뻐서 큰 소리를 내는 것이 갈가마귀가 소리를 내는 것 같기도 하다. 혹은 조용히 아무 소리도 없이 눈을 크게 뜨고 멀거니 보기도 하고 혹은 꿈꾸는 사람처럼 혼자서 중얼거리기도 한다. 이 때문에 사람들이 '책만 보는 바보'라고 놀려도 웃으며 받아들인다. 전기를 써 주는 사람이 없기에 붓을 들어 그 일을 써서 '간서치전'을 짓고 성명을 기록하지 않는다."

청장관 이덕무는 한 마디로 '책만 보는 바보'였다. 그래서 하루도 책을 손에서 놓은 적이 없었던 인물이다. 책을 너무나 좋아했기에 그는 독서열이 남달랐다.

이렇게 무엇인가에 미칠 정도로 몰두하는 것을 선비들은 '벽'이라고 말을 했다. 그런데 조선 시대 선비들 사이에 이러한 '벽'이 유행한 적이 있었는데, 그것은 벽이 있는 사람만이 그 분야에서 무엇인가를 이루어

낼 수 있는 그런 사람들이라는 것을 깨달았기 때문일 것이다.

"사람에게 벽이 없으면 쓸모없는 사람일 뿐이다. 대저 벽이란 글자는 병(病)이란 글자에서 나온 것이니, 지나친 데서 생긴 병이다. 그러나 홀로 걸어가는 정신을 갖추고 전문의 기예를 익히는 건 왕왕 벽이 있는 사람만이 능히 할 수 있다."〈정민, [미쳐야 미친다], 16쪽〉

박제가는 [백화보서(百花譜序)]에서 벽(癖)이 있어야 전문가가 될 수 있다고 단적으로 말했다.

평생 2만 권이 넘는 책을 읽다

책만 보는 바보였던 이덕무는 평생 얼마만큼의 책을 읽었을까? 누군가가 얼마나 많은 책을 읽었는지 본인 자신도 정확히 헤아린다는 것은 어불성설일 것이다. 하지만 대략적인 것은 미루어 짐작할 수 있을 것이다. 이덕무는 평생 읽은 책이 2만 권이 넘었다고 한다. 그리고 손으로 직접 필사한 책이 수백 권이 넘었다는 것이다. 다산 선생이 500권의 책을 저술했고, 혜강 최한기 선생이 1000여 권의 책을 집필했다는 것을 감안해 보면 보통 사람들이 절대로 할 수 없는 엄청난 양의 책을 집필하고, 읽는다는 것이 가능한 사람들이 없지는 않다는 것을 깨닫게 된다.

자신의 경험이 부족하고 편협하고 좁은 사람들은 절대 더 큰 세상의 일들, 놀라운 일들을 믿지 않는다. 하지만 다양한 경험을 하고, 식견이 높고 넓은 사람일수록 놀라운 일들에 대해서도 의심부터 하지 않는다.

지금보다 과거에는 책을 집필한다는 것이 더 힘든 일이 아니었을까?

그런데도 다산 선생은 18년 동안 500여 권의 책을 집필하셨다는 것이다. 즉 일 년에 27권의 책을 집필하셨다는 결론이 나온다.

그렇다면 한 달에 2권 이상의 책을 집필하신 셈이다. 하지만 경험이나 식견이 좁은 우물안 개구리와 같은 사람들은 이 이야기를 하면 가장 먼저 하는 말이 이것일 것이다.

'이게 가능한 일인가?'

'너무 오버 중에 오버가 아닌가?'

'책의 수준을 믿을 수 있을까?'

이러한 이야기를 하는 사람은 자신의 좁은 경험과 좁은 식견으로 인해 이러한 일을 믿을 수 없을 정도로 식견과 경험이 좁다는 것을 스스로 만천하에 떠들어 대는 것이나 다름없다고 필자는 생각한다.

자신이 못 한다고 해서 불가능한 일이라고 단정하는 사람은 정말 성급하고 어리석은 사람이 아니라고 말할 수 없을 것이다. 세상은 매우 넓고 다양한 능력과 재주를 가진 사람들이 68억 명이나 살고 있다.

그 중에서 어떤 사람들은 남들이 도저히 한 번에 먹을 수 없을 정도의 양의 음식을 먹고 거뜬하게 소화시키는 사람도 있고, 어떤 이는 수입차를 많이 팔 때는 하루에 6대씩 판매하여, 연봉이 4억인 수입차 판매딜러도 있다. 오늘 신문에 수입차 판매왕이라고 나온 사람도 있다. 어떤 사람은 헬리콥터를 타고 가면서 눈으로 대충 본 런던 시내를 하나도 틀리지 않고 그림으로 그려내는 그런 신기에 가까운 사람도 있다.

이덕무는 평생 읽은 책이 2만 권이 넘었다고 한다. 필자는 이것을 믿는다. 100% 믿는다. 왜냐하면 사람이 평생 살면서 책만 읽는다면 충분히 읽을 수 있는 분량이기 때문이다. 하루에 한 권을 읽다보면 나중에는 하루에 열권도 읽을 수 있게 되기 때문이다.

우리가 무엇을 하든 할수록 더 잘 할 수 있고, 더 빨리 할 수 있다.

"이덕무는 책을 읽는 데 그치는 것이 아니라, 읽은 뒤에는 반드시 그 책을 필사했다. 항상 얄팍한 책을 수중에 넣고 다니면서 주막이나 배에서도 책을 보기를 꺼리지 않았다. 평생 읽은 책이 2만 권이 넘었고, 손수 필사한 책이 수백 권이 넘었다. 자획이 바르고, 아무리 바빠도 속자 하나 쓰지 않았다."〈이수광, [공부에 미친 16인의 조선 선비들], 1296쪽〉

그는 2만 권이상의 책을 읽었던 독서의 대가였다.

규율이 있는 공부를 하라

이덕무는 공부를 함에 있어서는 결코 바보가 아니었다. 그는 철저한 시간 배정을 하고, 자신이 스스로 세운 공부 과정을 하루도 빼먹지 않고 할 정도로 철저했던 사람이다. 그의 이러한 면모를 잘 알 수 있는 대목을 살펴보자. 그가 [사소절] 〈교습편〉에서 아이들에 대한 수신과 공부법에 대해 적은 내용이다.

"글 읽는 횟수는 시간을 배정해야 하고, 배정된 시간을 넘나들어 더 읽기도 하고 덜 읽기도 해서는 안 된다. 나는 어릴 때 하루도 공부하는 과정을 빼먹은 적이 없었다. 아침에 40, 50 줄을 배워서 하루 50번을 읽었는데, 아침부터 저녁까지 다섯 차례로 분배하고 한 차례에 열 번씩 읽었다. 몹시 아플 때가 아니고는 어기지 않았다. 그러므로 공부하는 과정이 여유가 있고 정신이 집중되었다. 그때 읽은 글은 지금도 그 대강의 의미는 기억이 난다. 나는 체질이 너무도 약했기 때문에 배우는 분량과 읽는 횟수가 매우 적었지만, 만일 재주와 기질이 왕성한 사람이 그 능력에 따라 과정을 정해 나가게 한다면 그 사람은 끝없이 진취할 것이다."〈참조. 김건우, [옛사람 59인의 공부산책], 157~158쪽〉

책만 보는 바보로만 알았던 그에게 이토록 무서울 정도의 규율과 규칙이 공부하는 생활에 있었다는 것은 매우 놀라운 사실이 아닐 수 없다.

평생 가난했던 이덕무는 가난 때문에 스승을 모시며 공부할 수 없었던 것은 자명한 사실이다. 하지만 그럼에도 불구하고 그가 2만여 권의 책을 읽고, 수백 권의 저서를 남겼다고 한다. 그가 그렇게 할 수 있었던 것은 '다독의 힘'과 '필사하는 규칙을 지켜 나갔던 규율 있는 공부' 때문이었다고 볼 수 있을 것이다. 다시 말해 이덕무의 공부 방법은 많이 읽기와 많이 쓰기 였던 것이다. 그는 독서를 통해 깨우친 것들을 날마다 기록하여 정양하는 규칙으로 삼았던 것이다.

"내가 금년에 과거 공부에 얽매여 옛사람의 시서가 있어도 보고 읽을 겨를이 없었다가, 중양일(重陽日 : 음력 9월9일)을 맞이하여 비로소 문자에 마음을 두어, 책들을 손질하고 필연(筆硯)을 씻은 다음 [중용]을 읽는 여가에 고금의 자집(子集)과 시문도 곁들여 열람하기로 하였으며, 이날부터 마음에 얻어진 바를 날마다 기록하여 정양하는 규칙으로 삼으려 한다."〈이수광, [공부에 미친 16인의 조선 선비들], 300쪽, [관독일기]〉

이 부분은 [관독일기]의 첫 부분이다. 그가 이 대목을 통해 왜 독서일기를 쓰기로 했는지 스스로 밝히고 있는 대목이기도 하다.

다섯 번씩 읽는 독서를 하라

'간서치', 책만 보는 바보로 유명한 이덕무의 독서법 중에서 가장 독특한 독서법은 '똑같은 책을 다섯 번씩 읽는 독서법' 이었다.

"[중용] 첫 장을 다섯 번 읽었다. 이하도 이 횟수에 의하기로 하였다."
〈이수광, [공부에 미친 16인의 조선 선비들], 300쪽〉

즉 그는 첫 장을 다섯 번씩 읽고 정독했다. 그리고 정독한 후에는 반드시 느끼고 깨우친 점을 기록했다. 기록한다는 점에서 다산 선생의 독서법과 다르지 않지만, 다섯 번씩 횟수를 정해놓고 정독한다는 점에서 독특하다고 할 수 있다.

이덕무는 글 읽는 횟수를 시간의 배정에 따라 정하고, 어릴 때부터 하루도 빼먹지 않고 배정된 시간을 지켜 정해진 횟수만큼 글을 읽었다고 [사소절]에서 밝히고 있다. 더 특이한 사항은 배정된 시간을 넘나들어서 더 읽거나 덜 읽어서는 안된다고 말하는 대목이다.

즉 그는 정해진 시간에 정해진 회수만큼 책을 읽었던 것이다. 이렇게 그가 했던 이유는 정신을 다잡기 위해서였다. 그리고 공부하는 과정에서 마음의 여유와 안정을 찾기 위해서라고 생각한다.

어렸을 때 그는 40~50줄의 글을 배워서 하루 50번을 읽었다고 한다. 아침부터 저녁까지 다섯 차례로 분배하고, 한 차례에 열 번씩 읽었다는 것이다. 몹시 아플 때가 아니면 절대로 이러한 규칙을 어기지 않았다고 한다. 그는 시간과 횟수를 정해놓고 글을 읽었던 독특한 독서를 했던 학자이다.

혜강 최한기(惠岡 崔漢綺) / 1803~1877년

"종을 치면 소리가 난다는 것을 만일 듣지도 보지도 못하였다면, 종을 치기 전에 치면 소리가 날 것을 어떻게 알 수 있겠는가?"

"학문(공부)이란 본래 평화로운 것이다. 인간사의 분쟁을 학문을 통해 화해 시키고, 정치가 도리를 잃은 것을 학문을 밝혀 바로잡으니, 혼란을 막고 위기를 구해주며 어리석은 것을 깨우치고 악을 감화시키는 것이 바로 학문의 본의이다."

"가르치고 배우는 것은 두 가지 일이 아니다."

"중년에 이르러 학업의 진취가 있는가의 여부와 많은가 적은가의 여부는 공부하는 사람 자신에게 달려 있다."

"학문의 성취는 무엇으로 기준을 삼을 것인가? 하늘과 사람의 큰 도를 분명히 이해하여 자기 몸에 실천하고 후학을 위해 길을 열어주는 것, 이것이 바로 그 기준이다."

◆ 혜강 최한기 ◆
1,000권의 책을 집필한 조선 제일의 선비

1,000권의 책을 집필한 학자

혜강 최한기는 다른 학자들에 비해서는 상대적으로 적게 알려졌다. 하지만 그렇다고 해서 그가 학문적으로 완성도가 떨어지기 때문은 절대 아니다. 다만 그에 대한 연구가 활발하지 않았기 때문이다. 하지만 그의 저작은 1000권으로 조선 제일이었다. 이러한 사실을 알 수 있는 대목을 살펴 보자.

"19세기는 불안과 동요의 시대였다. 유교적 전통의 견고성이 도전 받고 있던 시대, 실학자들은 이 집을 버티고 고치기 위해 다양한 시도를 했다. 그 가운데 전통의 유교 문화가 근본적 변화를 겪으리라고 판단한 사람은 없었다. 다산 정약용도 이 점에서는 예외가 아니다. 그는 자신의 방대한 경학과 경세학의 이념을 원시 공맹 유학 위에 설정할 만큼 유교 문화의 지속성을 확신했다. 혜강만이 동서양의 교섭이 몰고 올 변화의 심원한 의미를 예감하고 있었다. 그는 당대를 위기가 아니라, 오히려 새로운 문명의 기회로 보고 어린애처럼 흥분했다.

그의 학문 영역은 인문, 사회, 그리고 자연과학 전반에 걸쳐 있다. 육당 최남선은 그의 저작을 조선 제일로 쳤다. 지금 남아 있는 것으로도 그 규모를 짐작할 수 있다. 그 가운데는 전통적 가치를 재천명한 것이 있는가 하면, 서양의 과학기술 서적들을 정리하고 편집한 것도 적지 않다."〈권오영 외, [혜강 최한기], 5~6쪽〉

육당 최남선 선생은 '진역(震域: 동쪽에 있는 나라라는 뜻으로 우리 나라를 달리 이르는 말)의 최대저술(最大著述)은 무엇입니까?'라는 물음에 다음과 같이 스스로 대답했다고 한다.

"일가집(一家集)의 큰 것으로는 송시열(宋時烈)의 [송자대전(송자대전)] 215권 102책, 정조의 [홍재전서] 184권 100책, 서명응의 [보만재총서] 수백 권, 정약용의 [여유당집] 500권, 성해응의 [연경재전서] 150권 등이 있고, 그 최대한 것으로는 최한기의 [명남루집] 1,000권이니 아마 이것이 진역 저술 상에 최고기록이요, 또 신구학을 구통한 그 내용도 퍽 재미있는 것이지마는 다만 대부분이 미간으로 있고, 원본조차 사방에 산재(산재)하여 장차 어떻게 될지 모르는 상태에 있음은 진실로 딱한 일입니다."〈최영진, [최한기의 철학과 사상], 79쪽〉

그가 그렇게 많은 책을 집필할 수 있었던 것은 그의 독창적인 학문에 대한 주체성과 세상의 그 어떤 일, 심지어 출사하여 세상에서 관직을 얻는 것보다 공부와 저술을 더 중요하게 생각했기 때문이었다고 필자는 생각한다.

전통적인 학문의 권위에 도전하다

그는 전통적인 학문의 권위에 무조건 순응하고 받아들이는 것을 용감하게 거부했고, 철저한 평가를 통해 무의미하다고 생각하는 것은 과감하게 버렸다. 그래서 그의 글쓰기 자체도 기존의 선비들의 글과 완전하게 달랐던 것이다.

"전통 학문에 기대기를 포기했으므로, 그는 학문을 전혀 새로운 토대 위에서 완전히 새롭게 구축해야 했다. 혜강은 선험적 지식의 확인으로서의 학문이 아니라 경험적 지식의 검증과 확충으로서의 학문을 구상했다. 그래서 성즉리라는 주자학의 모토가 이를테면 성즉기로 바뀌었고, 거경(居敬)이나 궁리(窮理) 등이 추측(推測)과 변통(變通) 등으로 바뀌었다. 이 전환은 곧 〈글쓰기〉의 변화를 몰고 왔다. 그는 이전의 권위에 기대지 않고, 근대의 에세이처럼 자신의 사상을 자유롭게 조직해 나갔다. 기존의 개념과 언술들은 혜강의 개성적 표현과 문체 속에서 전혀 다른 의미를 띠고 등장한다."〈권오영 외, [혜강 최한기], 7쪽〉

그래서 혜강 선생은 새롭고 독창적인 기학(氣學)이라는 학문을 수립했던 것이다. 그가 과거의 전통과는 전혀 다른 새로운 학문을 구상하고 그것을 통해 새로운 학문 세계를 열고자 한 것은 그의 도전정신과 개혁정신에서 비롯되었다고 볼 수 있을 것 같다.

"그는 실학의 문제의식과 기철학의 전통을 발전적으로 계승하는 한편, 서양학의 장점을 섭취하여 전혀 새로운 학문을 구상하였다. 그는 자신이 수립한 학문을 '기학(氣學)'이라 부르고 있는데, 천지만물과 사회와 사람의 기(氣)의 운행 변화를 규명하는 것이 기학의 과제이다. 기의 운행변화는 '운화'라는 특별한 용어로 표현되는데, 운화에는 주요한 세 가지 수준이 있으니 천지운화(天地運化), 통민운화(統民運化), 일신운화(一身運化)가 그것이다. 천지운화는 우주, 자연의 기의 운행을 가리키는 말이요, 통민운화는 사회적, 공동체적 수준에서 전개되는 기의 운행이며, 일신운화는 인간 개체 단위에서 이루어지는 기의 운행이다. 일신운화는 통민운화에, 통민운화는 천지운화에 복속된다. 이러한 복속은 '승순(承順)'이라는 특별한 용어로 표현된다. 그러므로 일신운화를 알기 위해서는 통민운화를 알아야 하며, 통민운화를 알기 위해서는 천지운화를 알지 않으면 안 된다. 그러나 이 세 가지 수준의 운화는 상호 교섭하면서 유기적으로 통일되어 있는바, 이를 표현하는 말이 '천인운화'이다. 이런 점에서 기학이란 천지자연과 사회와 개인을 기의 운행이라는 관점에서 일체적으로 파악하고 유기적으로 이해하려는 학문으로 규정할 수 있다. 기학을 '천인지학' 혹은 '일통지학'이라 한 까닭이 이에 있는 것이다."〈박희병, [선인들의 공부법], 208~209쪽〉

한 마디로 혜강 최한기 선생은 이 모든 것들이 기의 운행이라는 관점에서 보고 있는 것이다. 대부분의 학자들이 과거의 전통과 학문을 어느 정도 계승하고 발전시켰다는 점에서 혜강 최한기 선생은 매우 자유분방한 학문에 심취해 버린 학자라고 말 할 수 있을 것이다.

책 보기를 좋아해서 잠 못 이룬 소년

최한기 선생은 책 보기를 매우 좋아했고 총명했다고 전해진다. 특히 특별한 책을 유난히 좋아해서 책을 얻게 되면 매우 기뻐하고 즐거워했다고 한다.

"최한기는 어려서부터 총명하였고 성동(成童)이 되어서는 책 보기를 좋아하여 매번 '기서(奇書)'를 얻으면 즐거워 잠을 자지 못했다고 한다. 최한기는 두뇌가 명석하고 이해력이 풍부하였다. 13세 때 어머니가 두어 달 병상에 누워 계실 때 [삼국지(三國誌)]를 우리말로 해석해 주어 병든 어머니를 위로하기도 하였다." 〈권오영 외, [혜강 최한기], 21쪽〉

그가 얼마나 어려서부터 총명한 인재였는지를 잘 알 수 있는 대목이 아닐 수 없다.

결국 혜강 선생이 어려서부터 책을 유난히 좋아했던 것이 결국 1000권이라는 책을 집필할 수 있게 해 준 원동력이 되어 주었다고 볼 수 있다.

총명하지 못하고 우둔한 필자조차도 평범한 삶을 살다가 수 천 권의 책을 지독하게 읽자 한 달에 한 권 이상의 책을 출간하는 비범한 삶을 살아갈 수 있었다. 그런데 총명하고 명석하고 이해력이 풍부했던 혜강 선생이 그것도 어렸을 때부터 책을 유난히 좋아해서 책 읽기를 좋아하여 책을 읽었다면 그가 엄청난 약의 책을 집필하는 것은 어쩌면 너무나 당연한 일이라고 할 수 있을 것이다.

책 보기를 좋아했던 명철한 소년 최한기는 '기서'를 얻으면 즐거워서 잠을 이루지 못했다고 한다. 정말 책에 미친 청춘이 아닐 수 없다. 이렇게 책에 미친 사람이 결국에는 일가를 이루게 되는 것 같다.

어렸을 때부터 책을 읽기는 좋아한 이들은 모두 훌륭한 인생을 살아가게 되는 것 같다. 워렌 버핏은 어렸을 때 자신의 아버지 서재에 있는 책들을 모두 섭렵했다고 한다. 빌 게이츠도 역시 자신의 동네 도서관에 있는 책들을 거의 다 섭렵했다고 한다. 중국의 국부였던 모택동도 역시 어렸을 때부터 책 읽기를 매우 좋아했던 인물이었다.

대문호였던 도스토예프스키는 '한 인간의 존재를 결정짓는 것은 그가 읽은 책과 그가 쓴 글이다.'라는 말을 한 적이 있다. 그의 말처럼 책읽기를 좋아하는 사람들은 결국 자신의 존재를 드높이는 사람들이라고 말 할 수 있다.

이 세상에서 얼마나 많은 이들이 독서를 통해 인생의 새 장을 열었는지를 알게 된다면 우리 모두 놀라지 않을 수 없을 것이다. 혜강 최한기 선생도 역시 책읽기를 통해 새로운 학문의 세계를 개척할 수 있는 토대를 마련했던 것이다.

출사보다는 공부를 선택하다

혜강 최한기 선생이 조선 제일의 집필가가 될 수 있었던 이유는 무엇일까? 결국 이 세상에 공짜는 없다는 말과 다를 바 없을 것 같다. 즉 세상에 나가서 출세하는 것을 포기하고 공부에 전념을 했기 때문이라고 밖에는 말할 길이 없을 것이다.

아무리 머리가 좋고 총명하다고 해도 세상에 나가서 출세를 하며 벼슬 관직을 받게 되면 자연스럽게 혼자 하는 공부, 스스로 하는 공부를 등한시 할 수밖에 없다. 그리고 이렇게 되는 이유는 시간적인 제약이 가장 큰 원인일 것이다.

그래서 출세를 원하는 사람들은 공부를 깊고 넓게 할 수 없다는 것이다. 이 세상은 정직하다. 하나를 잡기 위해서는 하나를 버려야 한다. 두 가지를 모두 잡는다는 것은 어쩌면 욕심일 수 있기 때문이다.

심지어 공부를 하는 사람은 공부를 하면서도 조급해 하거나 지나치게 빨리 무엇인가를 이루기 위해 노력해서는 절대 안 된다. 공부는 하나씩 쌓아가는 축적이기 때문이다.

혜강 선생은 세상에 나가는 것을 마다하고 공부에 전념했던 그런 인물이었다. 이런 사실에 대해 이렇게 말하고 있는 대목을 살펴보자.

"한편 1840년대 최한기는 당시의 세도가이며, 영의정인 조인영, 재상인 홍성주의 출사 권유도 마다하고 서울에서 오직 동서학문의 집대성을 위해 정렬을 쏟았다. 또한 1850년대에는 자신의 학문을 살찌우기 위해 부지런히 북경을 통해 새로운 서적을 입수하여 연구하였다."〈권오영 외, [혜강 최한기], 28쪽〉

재미있는 사실은 혜강 선생에게 공부는 배우는 것이면서도 동시에 가르치는 것이었다는 점이다. 즉 배우는 것과 가르치는 것은 별도의 것이 아니라는 것이다. 그래서 그가 1000권이나 되는 많은 책을 저술한 것도 역시 공부의 일환이었다는 사실을 깨닫게 된다.

"가르치고 배우는 것은 두 가지 일이 아니다. 내가 성실한 배움으로 선을 행하면 선을 향한 마음을 갖고 있는 사람은 나와 기운이 서로 감응하여 나의 가르침이 그 가운데 행해진다. 또한 다른 사람이 선을 행하기를 바라서 성실한 마음으로 깨우치고 지도한다면 나의 배움이 그 가운데 있다. 그러므로 스승과 제자가 마음을 같이하고 힘을 합쳐, 배우는 것으로 가르침을 밝히고 가르치는 것으로 배움을 밝히면 곧 모든 사람에게 통용되는 가르침과 배움이 될 수 있다. 누구에게나 통용되는 일로 배움을 삼는다면 가르침이 모든 사람에게 행해질 수 있지만, 단지 옛날의 지식을 주워 모으기만 하고 깨달은 바가 없다면 남을 가르칠 수 없다."〈박희병, [선인들의 공부법], 214~215쪽〉

그에게 있어서 공부는 결국 배우고 가르치는 일이었고, 그의 말대로 그는 배우고 가르치는 일에 일생을 바쳤던 학자였던 것이다.

지칠 줄 모르는 탐구와 저술로 새로운 학문을 개척하다

그렇다면 그는 과연 어떤 분야의 책들을 저술했을까? 이 사실에 대해 잘 알 수 있는 대목이다.

"최한기의 저술 내용의 큰 주제는 요즘 학문 분류로 보면 철학, 정치학, 천문학, 행정학, 역사학, 지리학, 수학, 공학 등에 두루 관련되는 것이었다. 이러한 저술의 궁극적 목적은 자연과 사회, 인간의 순환과 변화성을 받들어 순응하면서 국가의 구성체인 민(民)을 다스리고 안정시키는 것이었다."〈권오영 외, [혜강 최한기], 56쪽〉

다른 책에 그의 학문적 업적에 대해 간단하게 서술된 부분을 살펴보자.

"최한기는 19세기 초중엽에 동서양의 학문적 업적을 나름대로 집성하여 수많은 연구저서를 냄으로써 근대한국사상사에 지대한 기여를 했다. 그가 다룬 학문분야는 전통시대의 대학자들이 대체로 그랬듯이 너무나

다양하다."〈최영진, [최한기의 철학과 사상], 70쪽〉

　혜강 최한기는 한 마디로 지칠 줄 몰랐다. 지칠 줄 모르는 공부와 저술 활동을 70대 까지 계속해서 이어갔다. 그래서 그의 저작들을 보면 그의 평생을 통해 꾸준히 엄청난 저작들이 계속해서 쏟아져 나왔다는 사실을 알 수 있다.

　혜강 최한기 선생이 지칠 줄 모르는 탐구 정신으로 지속적인 공부를 해 나갈 수 있었던 것은 조급하게 빨리 성과를 보려고 하지 않고 평생을 거쳐서 그때그때 해야 할 일이 있고, 그때마다 그일을 해 나가야 한다는 사실에 대해서 알고 있었기 때문이 아닐까?

　그는 가르치고 배우는 일에 있어서 효과를 빨리 얻으려 하게 되면 중도에 포기하기가 쉬워진다고 말한다. 또한 명예와 이욕을 위해 가르침과 배움을 실천한다면 또한 중도에 포기할 수밖에 없음을 경고한다. 그가 모든 세상의 중심 원리로 보고 있는 기의 운행변화를 토대로 하여 가르침과 배움을 실천해야 평생 가르침과 배움을 유지할 수 있다고 그는 말한다.

　"가르침과 배움에서 효과를 빨리 얻으려 하는 자는 중도에 그만두기가 쉽다. 이는 기의 운행변화로써 가르침과 배움을 삼지 않고, 명예와 이욕으로써 가르침과 배움을 삼기 때문이다. 기의 운행변화는 빠르지도 않고 늦지도 않으나 잠시도 멈춤이 없거늘, 아침부터 저녁까지, 봄부터 겨울까지, 어려서부터 늙기까지 모두 그때그때 해야 할 일이 있다."〈박희병, [선인들의 공부법], 218쪽〉

공부의 성과는 공부하는 사람 자신에게 달려있다

혜강 최한기 선생은 공부의 성과는 공부하는 사람인 자기 자신에게 달려 있는 것이라고 말한다. 어떤 사람은 평생 공부를 해도 학문적인 성과가 미비하지만, 어떤 사람은 빠르게 성취해 나간다는 것이다. 그 차이가 바로 자기 자신에게 비롯된다는 것이다.

"중년에 이르러 학업의 진취가 있는가의 여부와 많은가 적은가의 여부는 공부하는 사람 자신에게 달려 있다. 종신토록 초학(初學)을 면치 못하는 사람이 있는가 하면, 중년에 이르러 빠르게 성취해가는 사람도 있다."〈박희병, [선인들의 공부법], 219쪽〉

혜강 선생은 또한 배움의 완성을 가르침에 두고 있다. 그래서 가르침이 효과를 보게 되면 후세에 점차 그 영향이 나타나게 되므로, 눈앞에 당장 배움의 효과를 평가해서는 안된다고 말한다.

"배움의 완성을 가르침에 두고 가르침의 완성을 천하후세에 두어야만 비로소 배움이 완성된다고 말할 수 있다. 천하후세에 마땅히 행해야 할 도를 배워서 가르침이 천하후세에 점차 완성되기를 기다려야 할 것이니, 어찌 꼭 눈앞에 당장 나타나는 효과만을 갖고 말하겠는가."〈박희병, [선인들의 공부법], 222쪽〉

배움의 완성을 가르침에 두고 있는 혜강 선생은 가르침이 잘 행해지기 위해서는 네 가지를 조심해야 한다고 말한다. 제 멋대로 욕심을 부리거나 남을 이기려고 하거나 노래와 여색과 잡기에 빠지거나 부귀와 영달에 빠지는 것들을 경계하고 조심해야 한다고 말했다.

"가르침이 행해지지 않는 데에는 네 가지 까닭이 있다. 배움의 길은 발견했어도 제멋대로 욕심을 부려 배우는 차례를 따르지 않는 것이 그 하나요, 배움으로 들어가는 문을 찾지 못해 마음과 힘만을 헛되이 낭비하는 것이 그 둘이며, 마음이 차분히 안정되지 못해 이치를 궁구하지 못하는 것이 그 셋이며, 아직 방향도 모르는 주제에 스스로 잘 안다고 여기는 것이 그 넷이다.

가르침을 방해하는 것에도 네 가지가 있다. 제일 먼저 꼽을 수 있는 것은 노래와 여색과 잡기이다. 그 다음으로는 부귀와 영달이며, 그 다음으로는 문장과 기예(技藝)이다. 끝으로 무리를 지어 학문을 하면서 남을 이기려는 마음으로 모든 것을 판단하는 행태를 들 수 있다. 이것들 때문에 진정한 가르침과 배움이 존재하기 어렵다."〈박희병, [선인들의 공부법], 218~219쪽〉

혜강 선생에게 공부의 성과는 잘 가르쳐서 후세에 큰 영향을 끼쳐서 마땅히 행해야 할 도를 잘 전달해 주는 것이었다. 그리고 반면에 그가 경계했던 공부는 글귀나 뽑아내며 옛 문헌을 많이 끌어다 인용하면서 일을 논하고 저술을 할 때 출처를 따져 논평하는 것이었다. 다시 말해 그는 박학한 것을 아무 쓸모없는 것이라고 말한다.

"세상에서 말하는 박학이란 훈고(訓詁)를 자랑하고 글귀나 뽑아내며, 일을 논할 때에는 반드시 옛 문헌을 많이 끌어다 인용하고, 저술을 할 때에는 반드시 어떤 사실의 출처를 따져 논평하는 것이다. 이처럼 박학은 아무 쓸모없는 것인데도 우리나라의 풍속에서는 이를 숭상한다."〈박희병, [선인들의 공부법], 221쪽〉

혜강 선생에게 있어서 공부란 후세에 가르쳐 더 나은 세상을 만드는 것이었지, 많은 지식을 배우고 축적하는 것이 아니었다.

공부란 본래 평화로운 것이다

혜강 선생에게 공부란 어떤 것이었을까?

한 마디로 '평화로운 것'이었고, '모든 사람들이 평화롭게 살아갈 수 있도록 도와주고 분쟁을 해결해 주고, 혼란을 막고, 위기에서 구해주고, 어리석은 사람을 깨우쳐 주는 것'이었다.

그가 학문에 대해 주장했던 말을 살펴보면 이러한 사실에 대해 정확하게 알 수 있다.

"학문(공부)이란 본래 평화로운 것이다. 인간사의 분쟁을 학문을 통해 화해시키고, 정치가 도리를 잃은 것을 학문을 밝혀 바로잡으니, 혼란을 막고 위기를 구해주며 어리석은 것을 깨우치고 악을 감화시키는 것이 바로 학문의 본의이다. 그러나 그릇된 학문을 하는 자를 보면 항상 남을 이기려는 마음을 방자히 가져 바람이 잠잠하건만 파도를 일으키고, 늘 자신의 결점을 숨기려고 문자를 빌려 자신을 엄호하는 방법으로 삼는다. 그러니 어찌 그 입에 올라 온전한 사람이 없다뿐이겠는가? 심지어는 붓 끝으로 사람을 죽이기까지 하는 것이다. 이 같은 학문을 하는 자가 조정에 기용된다면 당파싸움이 일어나게 되는 것이고, 이 같은 학문이 후세에 전해진다면 무리를 지어 극심하게 싸우게 되는 것이니, 학문의 본의가 어디에 있단 말인가." 〈박희병, [선인들의 공부법], 224쪽〉

혜강 선생은 공부란 본래 평화로운 것이고, 해결책을 강구하는 것이고, 혼란을 막는 것이고, 어리석음을 깨우치는 것이지만, 그릇된 공부를 하는 사람들은 항상 남을 이기려고 하고, 그래서 자신의 부족함을 덮고, 감추기 위해 공부를 한다는 것이라고 말한다.

혜강 선생에게 공부는 남을 이기기 위한 경쟁의 도구가 아니라, 평화로운 세상을 만들고, 분쟁을 해결하고 어리석을 것을 깨우치는 그런 도구이자 수단이었던 것이다. 무엇보다도 공부라는 것을 배우는 것과 가르치는 것을 별 개의 것으로 보지 않는다는 점에서 더욱 더 공부가 자기 자신의 성공과 출세만을 위한 것이 아니라는 사실을 정확히 알 수 있을 것이다.

학문의 성취의 기준으로 그는 실천과 후학을 위해 길을 열어주는 것을 삼았기에 그는 더욱 더 세상을 위한 공부를 했던 학자라고 생각해도 큰 무리가 아닐 것이라고 필자는 생각한다.

"학문에 종사하는 자가 천만이나 되지만 학문을 성취하는 자는 대단히 드물다. 학문의 성취는 무엇으로 기준을 삼을 것인가? 하늘과 사람의 큰 도를 분명히 이해하여 자기 몸에 실천하고 후학을 위해 길을 열어주는 것, 이것이 바로 그 기준이다." 〈박희병, [선인들의 공부법], 225쪽〉

Insight in 조선 선비
조선 시대 선비들의 하루 일과

〈오전〉

2~4시 **계명**(鷄鳴)   : 기상(여름철), 앎과 느낌을 개발하는 공부.
4~6시 **매상**(昧爽)   : 기상(겨울철), 새벽 문안, 뜻을 세우고 몸을 공
                         경히 하는 공부.
6~8시 **일출**(日出)   : 자제들에게 글을 가르침. 독서와 사색.
8~10시 **식시**(食時) : 식사. 마음을 가다듬고 고요히 살핌.
10~12시 **우중**(禺中) : 손님 접대, 독서.

〈오후〉

12~2시 **일중**(日中) : 일꾼들을 살핌, 친지에게 편지. 경전과 역사의
                         독서.
2~4시 **일질**(日昳)   : 독서 또는 사색, 여가를 즐기거나 실용 기술을
                         익힘.
4~6시 **일포**(日晡)   : 식사. 여유 있는 마음으로 독서.
                         성현의 기상을 본받는 묵상.

〈저녁〉

6~8시 **일입**(日入)   : 가족과 일꾼의 일을 점검함. 자제들 교육.
8~10시 **황혼**(黃昏) : 일기, 장부 정리, 자제 교육, 우주와 인생, 자기
                         행동에 대한 묵상.
10~12시 **인정**(人定) : 수면, 심신을 안정시키고, 원기를 배양함.
12~2시 **야반**(夜半) : 깊은 잠, 밤기운으로 심신을 북돋움.

(전거 : 윤최식, [일용지결], 1880년)
〈출처: 정옥자, [우리가 정말 알아야 할 우리 선비], 397쪽 참조

제 4 부

우리가 몰랐던
0.1% 공부의 신들과
그들의 공부 이야기

"선비란 책을 읽고 공부하여 후세에 이름을 남기고자 했던 사람들"
"선비 정신이란 '온몸으로 인식하고, 온몸으로 성찰하며, 온몸으로 시험하고, 온몸으로 실천하는 것을 토대로 하여 자신의 공부와 삶을 일치시키는 것'"

선비란 어떤 사람들이었을까?

과연 선비란 무엇일까? 한 마디로 '책 읽는 조선 시대의 지식인들'이라고 할 수 있다. 책을 읽으니까 지식이 쌓이게 되고, 의식과 사고가 향상되는 것은 당연한 일이었다. 하지만 필자가 생각하는 진정한 선비란 책만 읽는 사람이라는 편협한 의미에서 벗어나고 싶다.

필자가 생각하는 선비란 한 마디로 '책을 많이 읽고 자신을 발전시킬 줄 알았고 그로 인해 세상의 재물과 권력에 연연하지 않으면서 인격과 마음 수양을 꾸준히 하여 법도를 알고, 예의와 의리를 지켜 낼 줄 알고, 가난이나 시련 속에서도 공부의 기쁨을 포기하지 않고 부단히 공부에 매진할 줄 알았던 참된 공부하는 사람'이라고 정의하고 싶다.

자신들의 끼니를 걱정하기에 앞서 백성들의 끼니를 걱정하는 사람들이 있다면 이들이 바로 조선의 참된 선비가 아닐까?

조선시대 선비들 중에서는 청렴을 평생 지켜온 선비들도 적지 않았다.

지금 이 시대에 비하면 훨씬 많은 숫자라고 할 수 있다. 한 평생을 옷 한 벌과 이불 하나로 지냈던 선비들, 한 밥상에 두 고기 반찬을 올리지 않았던 선비들, 당당하게 청빈을 즐겼던 선비들, 이들이 바로 조선 시대의 참된 선비라고 할 수 있지 않을까?

물질 만능주의에 찌들대로 찌든 현대인들에게는 답답하고 궁상맞은 삶으로 보일지 몰라도 이들은 돈보다, 물질보다 정신과 학문의 세계를 더 숭상했던 선비들이었다.

일반적으로 말할 때 선비는 '유교의 인문학적 소양을 갖춘 조선 시대에 살았던 그 사회의 지식인들'이었다. 그런데 유교의 인문학적 소양의 본질은 참자아의 완성이었다. 부나 명예보다 참자아의 완성을 더 중요하게 여겼던 것이다. 그래서 이들은 자아를 확립하여 그 당시에 이름을 날리기 보다는 자신의 이름을 후세에 남기기를 좋아했던 사람들이었다.

결론은 한 마디로 '선비란 책을 읽고 공부하여 후세에 이름을 남기고자 했던 사람들'이었다. 그리고 그 과정에서 '책을 읽고 공부하여 자신을 완성시켜 나가는 과정'이 절대적으로 빠질 수 없는 선비라면 반드시 해야 하는 것, 즉 선비와 공부가 동격이 되는 그런 사실을 부인할 수 없다는 것이다.

그런 점에서 조선시대 공부하는 사람이나 책 읽는 사람이 바로 선비였던 것이다. 하지만 그저 책만 읽었다고 그 사람을 선비라고 하기에는 뭔가 부족하다. 왜냐하면 선비 정신이란 '온몸으로 인식하고, 온몸으로 성찰하며, 온몸으로 시험하고, 온몸으로 실천하는 것을 토대로 하여 자신의 공부와 삶을 일치시키는 것'이기 때문이었다.

선비 정신은 그 어떤 사상보다 더 고결한 정신이며 사상이기에 지식적으로만 인문학적 소양을 갖추었다고 해서 선비라고 할 수 없는 것이다. 삶의 모든 부분에 있어서 선비다워야 참된 선비라고 말할 수 있다는 것은 그만큼 삶과 공부를 동일시하는 선비들의 정신세계가 반영되었다고 할 수 있을 것이다.

물론 한 두 명의 예외는 있을 수 있지만 대부분의 선비들이 유교의 인문학적 소양을 갖추었다는 점에서 유교가 추구하는 정신을 살펴 보면, 선비들의 삶과 공부에 대해 조금 더 구체적으로 이해할 수 있을 것이다.

"유교는 거경(居敬)과 궁리(窮理)와 역행(力行)이라고 하는 세 가지 학문정신을 기축으로 한다. 공부하는 사람은 세계와 삶을 외경으로 대하고, 만사 만물의 이치를 부단히 탐구하며, 배워서 안 것을 힘써 실천해야 한다는 것이다. 이것들은 물론 각기 고유의 영역을 가지면서도 상호 유기적으로 연계되어 있다. 즉 실천은 사리의 인식 없이는 오류에 빠지고 말 것이요, 반면에 사리의 인식은 실천으로 나아가지 않으면 공허하며, 양자는 오롯하고 경건한 마음속에서만 소기의 성과를 거둘 수 있다. 선비들의 학문 수준과 더 나아가 자아 완성의 정도를 우리는 이러한 관점에서 평가해 볼 수 있다. 유교는 기본적으로 참자아의 발견과 완성을 평생의 과제로 삼는 인간학(爲己之學)으로서 거경과 궁리, 역행이 모두 그것을 궁극의 목표로 삼기 때문이다."〈김기현, [선비], 291~292쪽〉

선비는 한 마디로 조선시대에 자신의 발전과 완성을 평생의 과제로 삼아 책을 읽고 공부하는 사람이었던 것이다.

공부의 유래를 찾아서

공부의 뿌리는 과연 누구이고 어떤 것일까?

필자로 하여금 작가 인생을 살 수 있게 해 준 것이 바로 공부였고, 2년 전에 출간된 첫 책도 공부 책이었고, 가장 많이 읽힌 책도 공부와 독서 책이었다. 한 마디로 필자와 공부는 떼어놓을 수 없는 그런 인연이 있는 듯하다.

필자가 첫 책을 내면서 공부의 유래에 대해서 쓴 적이 있는 데, 여기에 좀 더 내용들을 폭넓게 추가하여 다시 한 번 공부의 유래를 살펴보고자 한다.

공부라는 말은 인류 역사상 누가 가장 먼저 사용했을까?

이 질문에 대한 대답은 '정확히 알 수 없다'는 것이다. 즉 공부라는 말이 언제 어떻게 만들어졌는지는 불분명하다는 것이다.

특히 공부, 학습, 배움이란 말이 한국에는 널리 통용되고 있다. 그래서 학습이나 배움이란 말이 거의 공부와 비슷하게 쓰이고 있는 것도 사실이다. 하지만 비슷한 의미의 학습이나 배움은 많지만, '공부'라는 말은 흔하지 않다는 것을 또한 알 수 있다. 하지만 공부라는 말의 유래와 어원이 명확하게 하나의 주장만이 있는 것이 아니라, 여러 가지 주장이 있음을 공부란 말에 대한 유래를 찾고자 하는 사람이라면 쉽게 알 수 있다.

그래서 필자는 여러 가지 주장과 새로운 주장을 모두 간단하게 살펴봄으로써, 선조들의 공부에 대한 이해를 돕기 위한 공부의 뿌리를 찾아가 보기로 했다.

동양권의 중심이라고 할 수 있는 중국을 가장 먼저 살펴보기로 했다.

중국에서 공부라는 말의 어원을 살펴보면, 현재 한국 사회에서 한국인들의 공부의 의미와는 전혀 다르다는 사실에 놀라게 된다.

중국에서는 '공부(工夫/功夫)'라는 말이 노동자들을 지칭하는 대명사로 사용되었기 때문이다. 즉 임시로 고용을 한 노동자를 '공부'라고 하였다고 한다. 마치 우리나라에서 지금도 광산에서 광물을 캐는 사람을 부를 때, 광부(鑛夫)라고 쓰는 것과, 일꾼이나 막일꾼, 또는 광산에서 광부 외에 쓰이는 인부들을 지칭할 때, 잡부(雜夫)라고 부르는 것과 관련이 있는 것 같다는 생각을 쉽게 할 수 있다.

또한 중국에서는 '공부(임시 고용 노동자)들에게 허용된 시간이나 짬' 등도 함께 의미하는 단어였다고 한다. 현재 사용되고 있는 중국어를 살펴보아도, 이러한 의미로 아직도 사용 되고 있음을 알 수 있다. 즉 중국어로 工夫 [gōngfu]는 '시간, 틈, 여가, 때, 시'와 같은 의미와 '임시 고용 노동자, 품꾼'이라는 의미로 사용 되고 있다.

현재뿐만 아니라, 과거에도, 부(夫)자가 사내 부자 임을 볼 때, 일꾼들을 지칭하는 용어였다는 주장은 신빙성이 있어 보인다. 처음에는 그렇게 사용 되다가, 공부라는 단어의 뜻이 변화 되어, 송나라 이후부터 공부라는 단어의 뜻이 솜씨, 노력 등을 의미하는 말로 굳어 져서 사용 되었던 것이라고 할 수 있다.

현재 중국어를 살펴보아도, 공부라는 단어가 솜씨, 노력을 의미하는 단어로 사용하고 있음을 알 수 있다. 즉 '水磨工夫[shuǐmógōngfu]'라는 단어의 의미는 '세밀하고 정교한 솜씨'를 말하고 있고, '시간과 노력을 들이다. 수련을 쌓다'의 의미로 현재 중국어에서는 '用工夫 [yònggōngfu]'

'费工夫 [fèigōngfu]'라는 단어를 사용하고 있다.

즉 중국에서는 공부(工夫)라는 단어를 임시 고용 노동자와 시간, 틈, 여가, 때 와 같은 기본의미로 사용하고 있고, 여기에서 확장이 되어, 시간과 노력을 들이는 것과 솜씨라는 의미로도 사용하고 있다. 그런데, 이와 비슷한 의미로, 다른 단어가 사용 되고 있음을 우리는 알 수 있다.

즉, 중국에서는 또한, 솜씨, 재주, 기예의 의미로, '功夫 [gōngfu]'라는 단어도 사용하고 있다. 현재 중국에서는 '공부(功夫)'라는 낱말을 '숙달된 기술, 재주, 솜씨'등을 가리키는 말로 사용하고 있고, 좀 더 확장하여 '노력하다, 수고하다' 등의 뜻에도, 이 단어를 함께 사용하고 있는 것 같다.

결론적으로 중국에서는 공부라는 단어의 의미가, 우리나라에서의 공부라는 의미인 '학문과 기술을 배우고 익힘'이라는 정의와는 차이가 있다는 것을 우리는 알 수 있다. 하지만 우리가 한자문화권에서 오랫동안 있었던 나라이기에 중국에서 흘러들어온 공부라는 의미에서 완전하게 벗어날 수는 없을 것이다.

공(工) 자는 장인 공으로 지금도 사용하고 있고, 우리나라에서도 그러한 의미에서 나온 견습공(見習工), 인쇄공(印刷工)등으로 사용하고 있다. 하지만 필자는 조금 더 다르게 보고 있다. 왜냐하면 중국의 오랜 서책에는 공부의 공(工)자나 공(功)을 사용하여, 학문을 배우고 익힌다는 뜻으로 사용하는 경우를 찾아 볼 수 있기 때문이다.

예를 들어, 중국의 [예기]의 '학기' 편에는 '공견(功堅)'이라고 하여 '학문을 잘 하는 사람은 마치 목수가 견고한 나무를 다듬듯이 먼저 쉬운 부분부터 했다가 점차 어려운 부분을 하는 것을 말한다고 적혀 있는데, 그 책에는 학문을 잘 한다는 의미로 '공견(功堅)'이라는 단어를 사용하였고, 여기서 공(功)자는 바로 한국에서 사용하는 의미의 공(功)자 즉, 공부(功扶)의 공(功)자와 비슷한 의미로 사용되었음을 알 수 있다.

또한 [중용]에는 '백천지공(百千之工)'이라는 말이 나온다.

이 말은 '남이 한 번에 능히 하면, 나는 열 번을 하고, 남이 열 번에 능히 하면 나는 천 번을 한다. 그러므로 배우지 않으면 그만이지만, 만일 배운다면 능하지 못하면 절대 중단하지 말아야 한다'라는 뜻의 문장에 사용된 말이 적혀 있다.

여기서도 공(工)자 역시 공부(工夫)의 공(工)자와 같은 의미를 사용하고 있음을 알 수 있다. 또한 형설지공(螢雪之功)이라는 고사성어가 있음을 우리는 알고 있다.

어려운 처지와 형편 속에서도 굴하지 않고 공부를 멈추지 않고 계속하는 것을 말하는 이 고사성어에도 공부(功扶/工夫)의 공(功)이나 공(工)자가 사용 되고 있음을 볼 때 중국에서도 학문을 익히고, 배운다는 의미가 공부라는 용어 또는 최소한 공(功) 또는 공(工) 자라는 말에 들어 있음을 우리는 알 수 있을 것이다. 그러므로 정확히 누구의 견해가 전적으로 옳다고는 할 수 없다는 것이다. 다만 이러한 용어들을 통해 중국에서도 공부를 의미하는 단어로 공(工)과 공(功)을 사용했음은 확실 한 것 같다.

또 다른 공부의 유래들

공부의 유래와 어원은 역시 다양하게 있다는 것이 필자의 최종 결론이다. 어떤 이들은 종교에서 정진하는 것으로 공부를 지칭하고 어떤 이들은 학문을 하는 것을 지칭하고, 어떤 이들은 마음을 수양하는 것을 지칭하고, 또 어떤 이들은 무술을 연마하는 것을 지칭하기도 한다. 그러한 다양한 유래들을 살펴보자.

어떤 학자들은 쿵푸라는 단어를 공부와 연관시켜서 설명하기도 한다. 하지만 쿵푸는 무술을 지칭하는 말로, 우리가 알고자 하는 공부와는 별로 관련이 없어 보인다. 하지만 어원적으로는 상당히 연관이 있어 보인다. 그래서 그저 제외시켜 버리기에는 뭔가 아쉬움이 남는 것도 사실이다.

위키 백과사전에서는 쿵푸(功夫, gōngfu)가 중국 무술을 가리키는 말이라고 설명되어 있다. 그리고 현재 중국어에서는 쿵푸의 의미를 다르게 사용하고 있다. 즉 다양한 의미가 있다는 것이다.

즉 일반적인 '솜씨, 기예'를 의미하기도 하고, '무술 방면의 솜씨'를 의미하기도 한다. 즉 중국에서 '功夫'라는 낱말은 무술자체를 의미하는 것이 아니라, 무술과 관련 없이 '숙달된 기술', '재능', '기량', '수완'을 가리키는 말로도 쓰이며, 그 솜씨 중에 무술 방면의 솜씨까지 다 포함하고 있다고 봐야 한다.

또 백과사전에서는 이 말을 중국에서 유래되어 세계 각지로 전파된 무술이라고 정의 하고 있지만, 실제 중국에서 이렇게 사용되는 것은 아님을 우리는 알 수 있다.

이것으로 볼 때, 한국적 의미의 공부는 쿵푸가 아님을 알 수 있다. 즉 쿵푸(功夫, gōngfu)는 우리의 공부라는 개념과 의미도 다를 뿐만 아니라,

공부라는 한자어와 다른 한자를 사용 하고 있는 것임을 알 수 있다. 공부라는 단어의 앞에 한자와 뒤에 한자를 섞어 사용하고 있다는 것이다. 말하자면 어떤 학자는 공부(功扶)가 공부(工夫)로 축약되었다고 주장하고 있고, 이 주장이 맞을 경우, 위의 쿵푸는 공부와 전혀 관련이 없는 단어라고 말 할 수도 있다는 것을 알 수 있다. 하지만 어떤 학자는 우리가 사용하는 공부라는 단어가 쿵푸와 관련이 있다고 어떤 책에서 주장하고 있다.

한편 필자의 견해로는 중국에서의 의미인 '임시로 고용된 노동자'라는 의미는 일본에서도 비슷한 유래를 찾아 볼 수 있는 듯하다.

일본에서는 '고후'로 발음하면 '토목공사에서 일하는 일꾼'을 의미한다. 그리고 한국에서도 비슷한 의미로 '잡부(雜夫)'라는 한자어를 사용하고 있다. 즉 이 말은 지금도 한국에서는 광부 외에 쓰이는 일꾼이나 막일꾼들, 노동자를 의미하기 때문에 중국에서 처음에 사용된 공부라는 단어의 원래의 뜻과 서로 일맥 상통한다는 것을 필자는 발견했다. 즉 공부 라는 말은 최초에는 '노동자', '일꾼'이라는 의미에서 시작하였음을 발견했다. 공부는 장인과 관련된 '일꾼, 노동자'라고 보면, 일본에서는 토목공사와 관련된 막 노동꾼의 의미로, 중국에서는 장인을 포함하여, 모든 일꾼들을 '잡부'라는 말로 사용 되어 오다가 변천 하였음을 알 수 있는듯 하다. 공부(工夫)라는 단어에 사용되는 부(夫)자가 사내 부 자를 사용하고 있다는 것을 볼 때, 최초의 의미에서 변천하여, 지금의 공부의 뜻으로 그렇게 변형 되어, 한국에 들어온 것이라고 볼 수 있을 것 같기도 하다.

다른 관점에서 '공부'라는 말의 어원적 유래를 찾아보기로 하자.

'공부'라는 단어를 사용한 곳을 찾아보면, 확실히 눈에 띄는 곳이 있다.

다름 아닌 불교이다. 불교에서는 과연 '공부'라는 단어가 어떤 식으로 어떤 의미로 사용하였을까? 먼저 불교에서는 공부라는 말을 '마음 수련에 전력을 다한다'라는 넓은 의미로 사용한 듯하다.

한국에서 많이 사용하는 '마음공부, 인생 공부'라는 뜻이 아마도 불교의 이러한 공부에서 시작 된 것임을 우리는 직감할 수 있다. 즉 불교에서 사용했던 공부라는 용어가 현재의 의미와 가장 비슷한 공부라는 말을 사용했기 때문에, 공부라는 말이 불교에서 유래되었다고 주장하는 학자들이 있다.

불교에서는 '주공부(做工夫)'라는 용어를 사용 했는데, '주공부'라는 용어의 뜻은 '불도를 열심히 닦는다' 또는 '마음 수련에 전력을 다한다' 와 같은 정도의 의미라고 한다.

필자가 찾아 본 결과 불교에서는 공부승(工夫僧) 이라는 말을 지금도 사용하고 있는데, '불경을 배우는 승려'라는 의미로 사용하고 있다. 이런 점에 비추어 볼 때, 공부라는 말의 어원 또는 최소한 현대적 의미의 공부라는 단어의 사용의 어원은 불교가 아닌가 하는 견해가 있는 것이다.

또 다른 견해는 중국의 주자학에서 찾고 있다. 주자학에서 공부라는 뜻의 의미로 맨 처음 사용했다고 보는 학자들도 있다. 즉 공부(工夫)라는 말은 과거의 공부(功扶)의 약자로 변형 되어 사용하고 있는 말인데, 원래 중국의 주자학에서 '공력을 북 돋는다', '공력을 돕는다', '공력을 힘쓴다' 라는 의미로 사용된 말이었다고 한다.

같은 의미로 다르게 사용하는 단어로는 염서(念書) 즉, '책을 읽는다.' 가 있는 데 이러한 말들이 비슷한 의미의 동의어라고 주장하는 학자도 있다. 그렇다면 공부와 염서는 같은 말인 것이다.

  필자는 이 주장을 뒷받침하는 단어들을 많이 찾아내었다.

  중국의 고서에 자주 나오는 단어들이다. 즉 [예기]의 '학기' 편에 나오는 '공견(功堅)'이라는 단어와 앞에서 이미 설명했던 단어인 '형설지공(螢雪之功)'과 같은 단어들과 '백천지공(百千之工)'과 같은 축약 후에 사용된 단어들을 볼 때, 좀 더 신빙성이 있는 듯 하다.

우리 선조들, 특히 조선 선비들에게 공부란?

  조선의 선비들과 조선시대에 있어서 공부란 과연 어떤 의미의 것이었을까?

  이와 관련하여 재미있는 일화가 소개 되어 나오는 책이 있다. 그 책에서 소개되고 있는 우리 조선 선비들의 공부의 정의에 대한 일화를 엿들어보자.

  "공부(工夫)란 무슨 뜻일까?

  공부라는 말을 모르는 사람은 거의 없을 것이다. 그러나 그 뜻이 무엇이냐고 물었을 때, 선뜻 대답을 할 사람도 흔치 않다. 현대인만 그런 것이 아니라, 예전 사람들도 그랬다. 조선 명종(明宗) 때, 임금이 신하들에게 '공부의 뜻이 무엇이냐?'고 물었는데, 아무도 답변을 하지 못했다. 임금에게 성인의 학문을 가르치는 최고의 학자들도 그랬다.

  그때 마침 참찬관(參贊官)으로 입시(入侍)했던 조원수(趙元秀)가 다음과 같이 아뢰었다.

"공부(工夫)의 공(工)은 여공(女工)의 공(工)자와 같고, 부(夫)는 농부(農夫)의 부(夫)자와 같습니다. 말하자면 사람이 학문을 하는 것은 여공이 부지런히 길쌈을 하고, 농부가 힘써 농사를 짓는 것과 같이 해야 한다는 뜻입니다."

이후로 조원수가 임금에게 아뢴 말이 공부의 개념을 말한 훌륭한 답변으로 인정되어 사람들의 입에 오르내렸다."〈최석기, [우리가 꼭 알아야 할 공부], 13쪽〉

공부의 어원에서 살펴본 것처럼 공부(工夫)는 공부(功夫)라는 말과 함께 통용되었고, 크게 구분하지 않았다. 하지만 조선 시대의 선비들은 공부(工夫)라는 어휘를 더 많이 사용한 것으로 보인다. 그리고 그 때의 공부는 지금 우리들이 말하는 공부와 별반 다르지 않다고 생각해도 무리가 따르지 않는다.

조선 선비들 중에서 책을 가장 많이 집필한 선비가 누구일까?

일단 다산 선생은 500여 권의 책을 집필했다. 그리고 그 책들이 많이 남아있고 전해져 내려온다. 하지만 전해져 내려오지 않지만 가장 많이 집필한 선비는 다산 선생이 아니라 혜강(惠崗) 최한기 선생이다.

혜강 선생은 1000여 권의 책을 집필한 조선의 선비이다. 하지만 아쉽게도 지금 그 책들이 다 전해 내려오지 못하고 있다. 그런데 그런 분은 공부를 무엇이라고 생각했을까?

한 마디로 혜강 선생에게 공부란 '천리(天理)에 순응하는 것'이었다. 즉 공부란 자연을 극복하는 것이 아니라, 자연의 이치에 순응하는 것이라는 것이다. 이런 사실에 대해 알 수 있는 대목, 혜강 선생이 직접 한 말을 살펴보자.

"대개 고금의 공부는 천리(天理)에 순응하는 것을 위주로 하지 않음이 없었다. 그러니 자기가 천리에 합하지 않는 점에 대해, 어찌 천리가 나를 따르기를 바랄 수 있겠는가? 참으로 나로부터 변통해 천리에 합하도록 할 따름이다."〈최석기, [우리가 꼭 알아야 할 공부], 25쪽〉

조선 시대에 가장 많은 책을 집필했던 혜강 최한기 선생에게 있어서 공부는 천리에 순응하는 것이었다. 그렇다면 조선 시대 선비들이 공부를 하는 이유는 무엇일까?

지금까지 필자가 공부해 온 것을 종합적으로 볼 때, 조선 선비들이 공부하는 이유는 자신을 변화시켜 성인, 현인이 되는 것이었다고 필자는 생각한다.

'학문을 하는 까닭은 기질을 능히 변화시키기 위함이다.'

16세기 남명 조식의 문인이었던 덕계 오건이 과거시험의 논술문제로 '학문을 하는 방법'에 대해서 한 말 중에 나오는 말이다.

'학문은 이치를 궁구하고 마음을 바르게 하여 기질을 변화시키는 것을 말한다.'라고 정개청이 말하기도 했다.〈출처. 최석기, [우리가 꼭 알아야 할 공부], 50~52쪽 참조〉

꼭 알아야 할 우리 선비들의 공부 비법

조선 시대 최고의 지식 경영 대가는 필자의 소견으로는 다산 정약용이다. 그는 18년 동안의 유배지에서 500여 권의 책을 저술했고, 그의 학문 세계가 넓고 깊을 뿐만 아니라 정밀하기까지 하기 때문이다.

바로 이런 이유에서 조선 시대 최고의 지식 경영대가 라고 해도 손색이 없는 다산 선생의 공부법은 한 마디로 '초서법'이다. 책의 처음부터 끝까지 전부를 베껴 쓰는 것은 필사이다. 하지만 다산 선생은 필사가 아닌 중요한 대목을 골라 뽑아서 메모하고 기록하는 공부법을 선호했다. 이것을 '초서'라고 말한다.

그리고 선비는 아니었지만, 평생 책을 읽고 공부를 하여 일가를 이루었다는 점에서 조선 시대의 선비와 하나도 다를 바 없는 세종대왕의 공부법은 '백독백습'이다. 백 번이나 반복해서 읽고, 백 번이나 쓰는 공부법이었다.

이 두 분의 공통점은 손을 움직여서 필기를 한다는 것이다. 그렇기 때문에 메모하고 기록하고 필기를 하는 공부법을 필자는 조선 시대 선비들의 대표적인 공부법이라고 말하고 싶다.

명재 윤증 선생도 역시 기록하는 공부인 차기공부(箚記工夫)를 강조했다. 남명 조식과 화담 서경덕은 모두 공부란 사물을 궁구하는 것이며 깊이 생각하고 사색하는 공부를 강조했던 선비들이었다. 또한 퇴계 이황은 공부란 거울을 닦는 것과 같기 때문에 쉬지 말고 반복해서 해야 하는 것이라고 말했다. 그렇기 때문에 당연히 그의 공부는 오래도록 하는 구원공부(久遠工夫)였던 것이고, 힘들도록 부지런하게 해야 하는 근고공부(勤苦工夫)였던 것이다.

율곡 이이의 공부법은 자경문을 통해 스스로 마음을 다잡아 스스로 해나가는 공부였다. 그리고 혜강 최한기 선생은 세상의 출세보다는 공부 그 자체에 열정을 가지고 공부를 좋아했던 인물이었다. 담헌 홍대용 선생은 입이 아닌 마음으로 읽는 독서와 공부를 강조했다. 마음을 다잡기 위해서 책을 읽거나 공부를 할 때 몸가짐을 바로 하는 것을 중요하게 생각했다.

명재 윤증 선생은 행함이 없는 공부는 공부라고 하지 않았고, 언제 어디서든 공부를 해야 하고, 쉬지 않고 해야 한다는 것을 강조하면서, 큰 사람이 되는 공부를 하라고 강조했다.

퇴계이황 선생은 공부란 거울을 닦는 것과 같다고 하면서 인격을 위한 공부를 하라고 말했다. 성호 이익 선생은 자만심을 경계하고 날마다 새롭게 되는 공부를 하라고 강조했다.

화담 서경덕 선생은 공부를 하면 누구나 성인이 될 수 있다는 주장을 했고, 독서보다는 사색을 통한 공부를 강조했다.

공부법과 함께 조선 시대 선비 중에서 가장 인상에 남는 독서법을 실천했던 선비 중에서 백곡 김득신 선생을 빼놓을 수 없을 듯 하다. 그는 억만 번을 읽고 또 읽어서 결국 일가를 이루고 이름을 남긴 학자였다.

그와 함께 쌍벽을 이루는 독서의 대가가 바로 '간서치'로 널리 알려진 청정관 이덕무였다. 그는 평생 2만 권이 넘는 책을 읽었고, 남들보다 더 규율이 있는 공부를 했던 학자였다.

조선의 선비 중에 빼 놓을 수 없었던 인물은 바로 '혜강 최한기' 선생이다. 그는 출세보다는 공부를 선택했고, 과거의 전통적인 학문보다는 미래를 선택했던 학자였다. 놀랍게도 그는 1,000권의 책을 집필했던 조선 제일의 선비였던 것이다.

숨겨진 0.1%,
공부의 신들의
천재공부법

초판 인쇄 2020년 6월 9일
초판 1쇄 2020년 6월 17일

지은이 김병완

펴낸곳 퀀텀앤북스
발행인 김병완, 최남철
교정, 교열 임유진

출판등록 2017-000097

주소 서울시 송파구 송파대로 36가길 7
구입문의 010-9194-3215

ISBN 979-11-961795-6-4   03190

값 15,000원

※ 이 책은 퀀텀앤북스가 저작권자와의 계약에 따라 발행한 것이므로
   이 책의 내용을 이용하시려면 반드시 저자와 본사의 허락을 받아야 합니다.
※ 잘못된 책은 구입처에서 교환하여 드립니다.